WHEN HISTORY MEOWS

如果歷史是一群喵 13

大明皇朝篇

肥志 編繪

國家圖書館出版品預行編目 (CIP) 資料

如果歷史是一群喵 . 13, 大明皇朝篇 (萌貓漫畫學歷史)/ 肥志編繪 . -- 初版 . -- 新北市 : 野人文化股份有限公司出版 : 遠足文化事業股份有限公司發行 , 2024.01
面 ; 公分 . -- (Graphic times ; 27)
ISBN 978-626-7428-01-6(平裝)

1.CST: 中國史 2.CST: 通俗史話 3.CST: 漫畫

610.9 112021694

Graphic Times 27

如果歷史是一群喵 13

大明皇朝篇

繪　　者　肥志
編　　者　肥志

社　　長　張瑩瑩
總 編 輯　蔡麗真
副 主 編　徐子涵
責任編輯　余文馨
校　　對　魏秋綢
行銷企劃經理　林麗紅
行銷企劃　李映柔
設　　計　林遠志、林榮輝
繁中版封面設計　周家瑤
繁中版美術設計　洪素貞、許庭瑄

出版　野人文化股份有限公司
發行　遠足文化事業股份有限公司 (讀書共和國出版集團)
地址：231 新北市新店區民權路 108-2 號 9 樓
電話：（02）2218-1417　傳真：（02）8667-1065
電子信箱：service@bookrep.com.tw
網址：www.bookrep.com.tw
郵撥帳號：19504465 遠足文化事業股份有限公司
客服專線：0800-221-029
法律顧問　華洋法律事務所　蘇文生律師
印製　凱林彩印股份有限公司
ISBN　978-626-742-801-6(平裝)
初版首刷　2024 年 01 月
初版 2 刷　2024 年 01 月

如果歷史是一群喵 (13)
線上讀者回函專用 QR CODE，您的寶貴意見，將是我們進步的最大動力。

野人文化官方網頁

序

結束了元末群雄的戰火，朱元璋實現了一統天下的偉業。明朝，正式到來了。

那明朝是一個怎樣的朝代呢？

它有著遼闊的疆土，軍事實力強大；有過無敵的艦隊，曾七次遠下西洋。這些艦隊中最大的船「修四十四丈、廣十八丈」，把明朝的國號遠播到了阿拉伯半島和非洲。而在文化和貿易的成績單上，明朝還有三億七千萬字的《永樂大典》、陽明心學、三部「四大名著」，總計有上億兩的白銀通過貿易流入中國……

然而，這樣的明朝卻不是一個太平的朝代。

來自北方草原的威脅依然存在，東南沿海有倭寇的侵擾。與此同時，明朝還從開國之初就有農民起義，且是歷史上農民起義最多的皇朝之一。

所以，明朝是輝煌與問題並存的。它的歷代皇帝好好壞壞，留給了人們很多話題。而這一次，我們就將以這些帝國的統治者為主線，為讀者展開「明」這幅畫卷。

在《如果歷史是一群喵》的第十三卷中，您會看到朱元璋、朱棣等明朝前、中期的皇帝陸續登場；也會看到當皇帝被俘虜後，又是誰在力挽狂瀾；以及明朝到了中期已經積累了哪些弊病。至於明朝的後半部分，將留待後面再呈現給大家。

在本次創作中，我們參考了《明史》《明實錄》等史籍和文獻，希望大朋友和小朋友們都能從書中收穫到自己喜歡的部分。如果其中的一些歷史知識讓您覺得有趣，也歡迎您和身邊的朋友分享。

再次感謝各位讀者的一路相伴，我們下回再見！

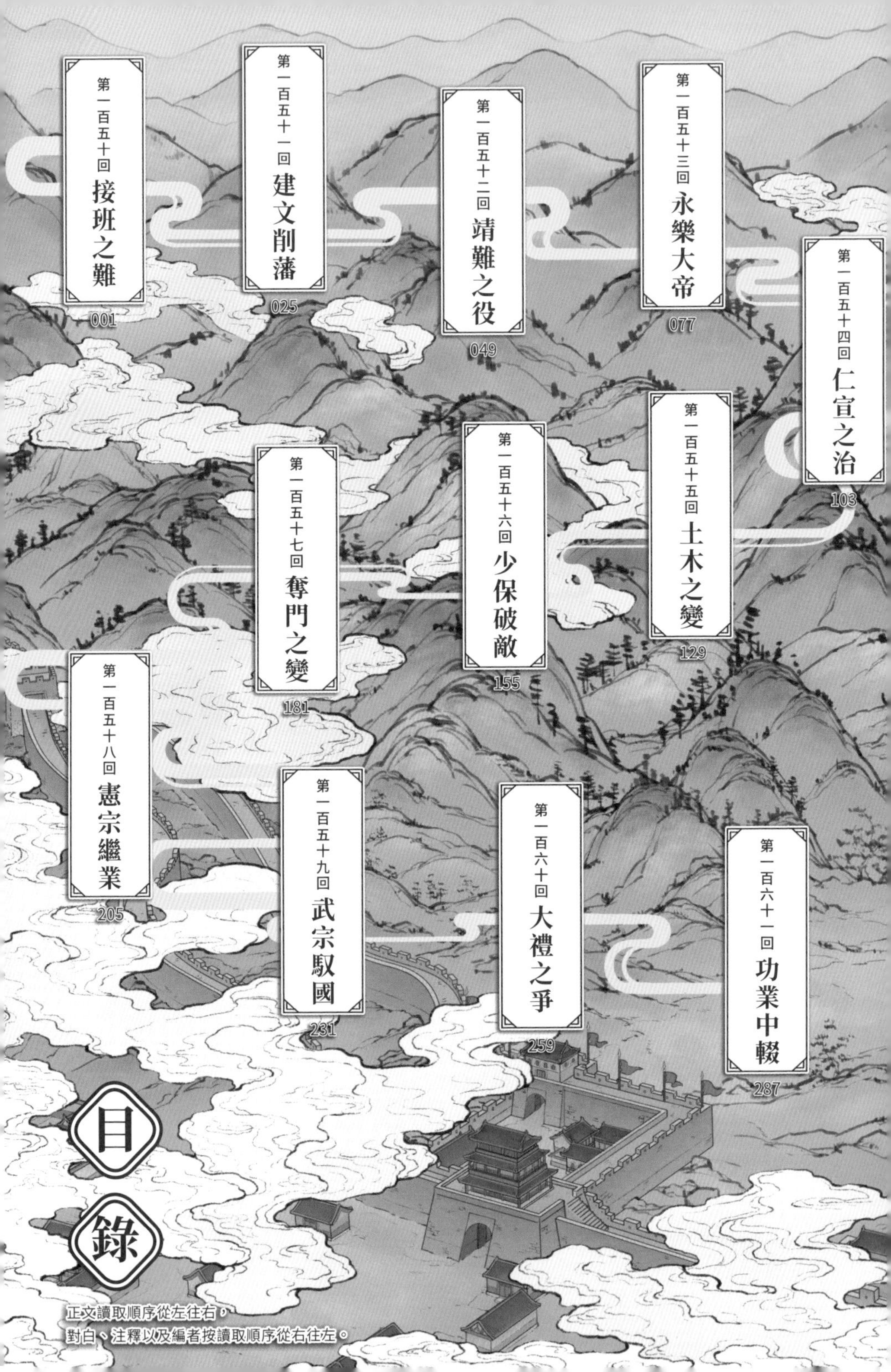

目錄

正文讀取順序從左往右，
對白、注釋以及編者按讀取順序從右往左。

第一百五十回◉接班之難

西元14世紀，

元皇朝**結束了**對中華大地的**統治**，

翦伯贊《中國史綱要》：
「(元) 至正二十八年 (1368年) 七月，徐達會諸將於臨清，連下德州、通州等城，元順帝率后妃、太子和一部分蒙古大臣從大都北逃。八月，北伐軍進占大都，結束了元朝的統治。」

退回到蒙古大草原，

史稱**北元**。

白壽彝《中國通史》：
「元順帝逃往上都後，於明洪武元年 (1368) 七月，又被趕出上都，逃往應昌……(1370) 其子愛猷識理達臘繼位，奔和林舊都，蒙古尊號稱必力克圖可汗，仍奉『大元』國號，史稱『北元』。」

華夏大地重新回到**漢政權**的治理之下，

這就是**明皇朝**。

大明
明

張岂之《中國歷史・元明清卷》：
「北逃的元順帝及其子孫在此後一段時間裡仍以大元之名號令部眾，史稱『北元』，但作為中國歷代統一王朝之一的元朝已經不復存在，被新興的明王朝所取代。」
何新華《中國外交史：從夏至清》：
「明朝是中國歷史上最後一個由漢族建立的王朝。」

作為明皇朝的開創者，
明太祖朱元璋喵實行了一系列的**改革**，

整頓吏治
設錦衣衛
移民屯田
減丞相
減免賦稅
興修水利

白壽彝《中國通史》：
「朱元璋不僅在戰爭硝煙中創建了明皇朝，而且為了使朱明皇朝長治久安，他在政治、經濟、軍事、法律制度方面進行了一系列改革。」

不僅**復甦**了遭受戰亂的**民生經濟**，

白壽彝《中國通史》：
「明太祖朱元璋注意到大亂之後休養生息對鞏固政權的必要，採取了一系列的措施……使明朝初期的農業生產逐漸得到恢復和發展。手工業和商業也得到恢復和發展，人口較前有所增加。」

還將**集權**強化到了**新高度**。

南炳文、湯綱《明史》：
「朱元璋對中央和地方行政機構的改革，尤其是中書省和丞相制的廢除，是我國封建社會政治制度史上的重要事件，這使皇帝擁有更多的權力，成了真正的獨裁者。」

然而這一切在他看來**仍然不夠**，

婁曾泉、顏章炮《明朝史話》：
「朱元璋通過一系列政治改革，把軍政大權牢牢掌握在皇帝一人手中，但他還是不放心，總覺得這些將官畢竟不是我朱家皇室的人，未必全靠得住。」

因為要鞏固朱家的江山，
權力則必須**掌握在朱家**的手裡。

蔡美彪《中國通史》：
「明太祖（朱元璋）對開國功臣，多有疑慮，以至誅除……明太祖繼承元朝舊制而有所損益，目的還在於依靠朱氏子孫輔翼皇室，以確保朱明王朝的統治。」
張豈之《中國歷史・元明清卷》：
「明太祖希望利用家族力量維護王朝統治……」

於是，元璋喵開始**分封諸子為王**。

《明史・卷二》：
「（1370年）夏四月乙丑，（朱元璋）封皇子樉為秦王，棡晉王，棣燕王，橚吳王，楨楚王，榑齊王，梓潭王，杞趙王，檀魯王……」

諸王對內**鎮守**全國，

翦伯贊《中國史綱要》：
「明太祖（朱元璋）在加強專制皇權的同時，還把他的24個兒子和1個從孫分封在全國各地……一部分則駐於內地各省，如周王橚、齊王榑等，使他們監督地方的官吏。」

對外則**防禦**外敵入侵。

《明會要・卷四》：
「洪武三年（1370年），帝（朱元璋）懲宋元孤立，失古封建意；於是擇名城大都，豫王諸子，待其壯而遣就藩服。外衛邊陲，內資夾輔。」

而元璋喵自己便**坐鎮中央**，
並且盡心**培養下一代**的繼承者。

商傳《明太祖朱元璋》：
「按照朱元璋的安排，是要嫡長子繼位的，所以他把太子……放在身邊，重點培養他。」

這個被寄予厚望的繼承者就是**皇太子朱標喵**。

白壽彝《中國通史》：
「朱元璋從建立明朝的第一天起便構築了一個家天下的模式。這個國家的最高統治者是他自己，即皇帝。皇帝的繼承人是皇太子。朱元璋所選定的太子是他的長子朱標……」

朱標喵是元璋喵的**嫡長子**，

《明史・卷一一六》：

「太祖（朱元璋），二十六子。高皇后生太子標……」

蔡美彪《中國通史》：

「明太祖有子二十六人，長子朱標……」

出生時並**沒有什麼異象**，

《明史・卷一一五》：

「（朱標）元至正十五年（1355年）生於太平陳迪家。」

不過那時正是**他爹**元璋喵**忙著打仗**的時期，

《明太祖實錄・卷三》：

「（1355年）丁亥，皇長子（朱標）生，孝慈皇后出也。戊戌，（朱元璋）命元帥張天祐率所部軍攻集慶。己亥，天祐等至方山，攻破左答納識里營，走之。陳野先遂叛，與元福壽合兵來拒戰於秦淮水上。我師失利，天祐、郭元帥皆戰死。」

所以朱標喵從小就過著**顛沛流離**的生活。

趙中男等《明代宮廷政治史》：「生於戰亂之際的朱標，從小就跟隨父母過著戎馬倥傯的顛沛生活。」

在元璋喵看來，
元朝**動亂**的**原因**之一就是**皇位繼承**的問題。

吳晗《朱元璋傳》：「元代前期不立太子，引起多次宮廷政變……」「元璋學習了元朝的歷史教訓，認為皇位繼承是維持皇朝安全的根本制度，必須規定嚴密的法則，才不會引起家族間的紛爭，造成宮廷政變。」

所以在他還沒有奪得天下時，
就把朱標喵立為**繼承者**。

《明史·卷一》：「（元至正）二十四年（1364年）春正月丙寅朔，李善長等率群臣勸進，不允。固請，（朱元璋）乃即吳王位……立子標為世子。」

到他成了皇帝後，
朱標喵就成了**皇太子**。

皇帝
太子

《明史·卷二》：
「洪武元年（1368年）春正月乙亥，（朱元璋）祀天地於南郊，即皇帝位。定有天下之號曰明，建元洪武……立妃馬氏為皇后，世子標為皇太子。」

對於朱標這個繼承者，
元璋喵可以說用了**很大心思**去**培養**，

來！把它們看完！
是！

吳晗《朱元璋傳》：
「（朱元璋）一心一意，用盡一切辦法，要訓練出理想的繼承人，能幹的第二代皇帝，維持和鞏固大一統的政權。」

不僅讓**大學者**當他的**老師**，

殿下，咱們一定要好好學習，不然……
我懂！

《明史·卷一一五》：
「（朱）標，太祖（朱元璋）長子也……太祖為吳王，立為王世子，從宋濂受經。」
《明史·卷一二八》：
「（宋濂）於學無所不通。為文醇深演迤，與古作者並……士大夫造門乞文者，後先相踵。外國貢使亦知其名，數問宋先生起居無恙否。高麗、安南、日本至出兼金購文集。」

而且還早早地讓他去**考察民情**，

這裡、這裡，還有這裡，都去看看，回來寫十份報告給我。
是……

白壽彝《中國通史》：
「朱元璋還曾命人帶太子朱標到農村視察，親眼看看農民的辛苦。」

並且教育他要**懂得百姓**的**疾苦**。

白壽彝《中國通史》：
「他（朱元璋）教育說：凡居處食用，一定要想到農民的勞苦，取之有制，用之有節，使他們不苦於飢寒。」

餓了嗎？餓就對了，老百姓也餓，所以要懂得百姓的苦！
咕咕咕咕
爹！我明白了！
咕咕咕咕

在**輔佐成員**的配置上，
朱標喵也享受了**頂級待遇**。

爹對於孩兒的班底有何看法？
嗯……

父親元璋喵幾乎把自己所有**最強**的**部下**
都派去**協助**朱標喵，

太子的事你們也要一起操心！
遵命！

《明史．卷一一五》：
「洪武元年（1368年）正月，立（朱標）為皇太子……帝（朱元璋）以元制不足法，令詹同考歷代東宮官制，選勛德老成及新進賢者，兼領東宮官……諭之曰：『朕於東宮不別設府僚，而以卿等兼領者，蓋軍旅未息，朕若有事於外，必太子監國……欲輔成太子德性……』」

搞得大臣們要**打兩份工**……

救命！
有沒有加班費啊！

《明史紀事本末．卷十四》：
「（1368年）辛丑，（朱元璋）命廷臣兼東宮官……以李善長為太子少師，兼詹事，馮勝兼副詹事，楊憲、傅瓛兼府丞，徐達兼太子少傅，常遇春兼太子少保，鄧愈、湯和兼太子諭德，章溢兼太子贊善大夫，劉基兼太子率更令。」

在父親的栽培下，
朱標喵果然成長為一個**賢能**的青年，

才德兼備

夏維中、韓文寧《明孝陵》：
「朱標生性敦厚，自幼接受庭訓，恪守為人之道；又長期接受儒學薰陶，多講仁政與慈愛，寬容待人，從政勤勉，頗受朝野好評。」

大小政事都先**交由他**處理。

《明史・卷一一五》：
「（洪武）十年（1377年），（朱元璋）令自今政事並啟太子（朱標）處分，然後奏聞。諭曰：『自古創業之君，歷涉勤勞，達人情，周物理，故處事咸當。守成之君，生長富貴，若非平昔練達，少有不謬者。故吾特命爾日臨群臣，聽斷諸司啟事，以練習國政……』」

在施政方針上，
朱標喵常常**勸諫**元璋喵不要太過強硬，

夏維中、韓文寧《明孝陵》：
「與朱元璋重典治國不同，朱標則希望實行『寬通平易之政』。面對朱元璋的濫殺，朱標曾深表憂慮，多次勸誡。」

父子倆因此沒少「**父慈子孝**」。

《明朝小史・卷一》：
「及后薨，帝（朱元璋）慘不樂，愈肆誅虐。太子（朱標）諫曰：『陛下誅夷過濫，恐傷和氣。』……帝曰：『……今所誅者皆天下之險人也，除以燕汝，福莫大焉。』太子頓首曰：『上有堯舜之君，下有堯舜之民』。帝怒，即移所坐榻射之，太子走，帝追之……」

而對自己的兄弟們，
朱標喵也是**第二父親**般的存在。

有些犯了錯的弟弟，
也是在他的**求情**下才得以**免罪**。

《明史·卷一一五》：
「太子（朱標）為人友愛。秦、周諸王數有過，輒調護之，得返國。有告晉王異謀者，太子為涕泣請，帝（朱元璋）乃感悟。」

兄弟們對他**恭敬愛戴**，

文武大臣也**十分擁護他**，

趙中男等《明代宮廷政治史》：
「無論是在朝廷還是家族內部，朱標似乎都是眾望所歸的繼承者。朝臣們自不用說，就是在兄弟們眼中，朱標也是一位仁慈友愛、受人愛戴，可以和家睦族的兄長。」

可以說朱標是**當之無愧**的**預備役皇帝**。

趙中男等《明代宮廷政治史》：
「無論從朱元璋自身，還是從朝臣態度與家族內部關係來看，朱標都是最為合適的繼承者。」

然而……上天並**沒有眷顧**這位出色的儲君，

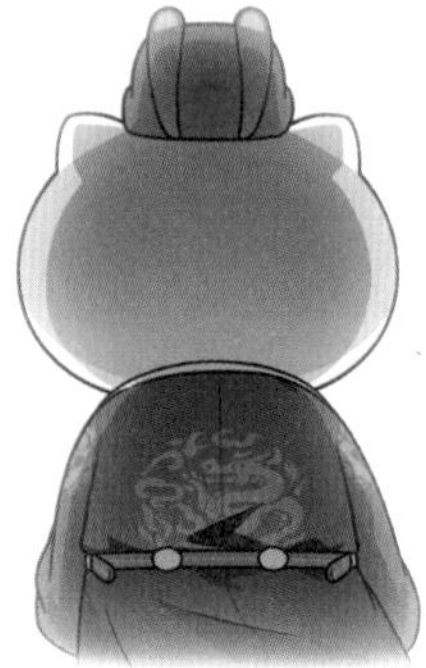

洪武二十五年，
年僅三十七歲的朱標喵卻**突然病逝**。

[美]牟復禮、[英]崔瑞德《劍橋中國明代史》：
「朱標在他的盛年37歲時即於1392年5月17日死去。」

這樣的噩耗對元璋喵來說，
簡直如**晴天霹靂**。

吳晗《朱元璋傳》：
「皇太子（朱標）於洪武二十五年（1392年）病死，六十五歲的老皇帝（朱元璋）受了這嚴重的打擊，傷心之至，身體一天天軟弱下去……」

他那多年的心血**付諸東流**了。

馮紹霆《細說明太祖》：
「（1392年）朱標去世。朱元璋一番心血白費……一切都要從頭來過。」

最終，元璋喵只能改**立皇孫**為**繼承者**。

《明史·卷三》：
「（1392年）九月庚寅，（朱元璋）立皇孫允炆為皇太孫……」

然而皇孫年幼，
又**能否鎮得住**那些
縱橫多年的**文臣武將**呢？

許大齡、王天有《明朝十六帝》：
「洪武二十五年（1392年），懿文太子（朱標）不幸早逝……下一個繼承人應該是懿文太子朱標的長子……這時才十歲。」
吳晗《朱元璋傳》：
「皇太孫的性格極像他的父親（朱標），元璋擔心他應付不了這個局面，諸將大臣將來會不服他的調度。」

這朱家的天下，他**不放心**啊……

於是年邁的元璋喵再次**拿起屠刀**，

白壽彝《中國通史》：

「朱元璋為了子孫能坐穩皇帝的寶座，處心積慮，不惜大肆屠戮為他南征北戰、出生入死的功臣大將……防止功臣宿將居功自傲，不利於子孫的統治……」

斬盡了那皇權道路上可能出現的**荊棘**。

《廿二史劄記・卷三十二》：

「（朱元璋）起事雖早，而天下大定，則年已六十餘，懿文太子（朱標）又柔仁，懿文死，孫更孱弱，遂不得不為身後之慮。是以兩興大獄，一網打盡。」

趙中男等《明代宮廷政治史》：

「他（朱元璋）在太子朱標死後，洪武二十六年（1393）大殺藍黨，接著以莫名其妙的藉口處死宋國公馮勝、潁國公傅友德。」

西元1398年，

一代傳奇皇帝朱元璋喵帶著遺憾**與世長辭**。

《明史・卷三》：

「（1398年）閏月癸未，帝（朱元璋）疾大漸。乙酉，崩於西宮，年七十有一。」

皇太孫接任成為明皇朝**第二任皇帝**，

《明史．卷三》：
「……遺詔曰：『朕膺天命三十有一年，憂危積心，日勤不怠，務有益於民。奈起自寒微，無古人之博知，好善惡惡，不及遠矣……皇太孫允炆仁明孝友，天下歸心，宜登大位。內外文武臣僚同心輔政，以安吾民……』」

是為**建文帝**。

《明史紀事本末．卷十五》：
「洪武三十一年（1398年）閏五月，建文帝即位，詔改明年為建文元年。」

在元璋喵的鋪墊下，
朝中已**無大臣**可以**抗衡**皇權。

傅樂成《中國通史》：
「（洪武）二十五年（1392），太子標死，標子允炆立為皇太孫，年僅十歲，這件事更加深太祖（朱元璋）的憂慮……功臣們為他誅除淨盡，權臣的篡奪是防止了……」

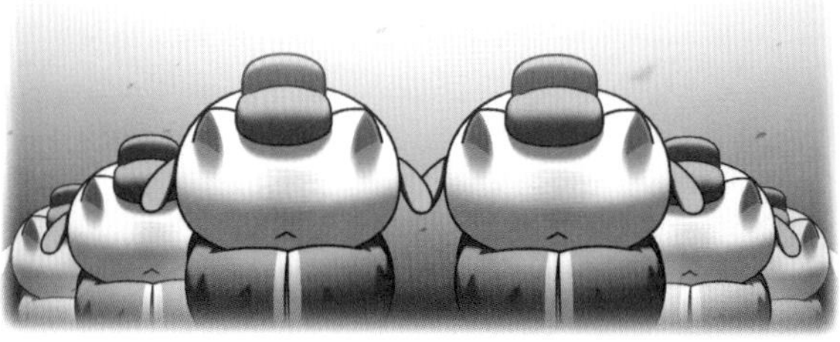

然而，他卻忘了擁有兵權的**各地藩王們**。

傅樂成《中國通史》：

「分封諸王，是太祖（朱元璋）時的一件大事……他們各有護衛的軍隊，少者三千人，多者至一萬九千人，實力相當雄厚。此外太祖每遇戰爭，常令諸王總領軍事，並得節制諸將，因此秦、晉、燕、寧諸王，遂當守禦北邊的大任，權勢尤重。」

那麼面對叔叔一輩的諸王，

年幼的皇帝將**如何處置**呢？

（且聽下回分解。）

編者按

在朱元璋的四十多個子女中，只有朱標從一開始就被當成繼承人來培養。西元1382年，朱元璋的髮妻馬皇后病逝，他傷心地說：「朕意數年之後，吾兒為帝，當與后歸老壽宮，撫諸孫於膝下」。也就是說他本打算以後傳位給朱標，自己和馬皇后頤養天年的。可見，他對朱標抱有極高的期望和信任。朱標任儲君二十餘年，政治經驗豐富，威望極高，足以震懾諸王和功臣。他去世時，朱元璋年近七十，已經沒有足夠的時間和精力將孫子培養成材。因此，建文帝即位時的能力遠不能與其父相比。此外，朱元璋是諸王之父，朱標為諸王長兄，而建文帝卻是諸王之侄，他的身分和威望都難以駕馭諸王，為後來的統治埋下了隱患。

朱元璋——煎餅（飾）

朱標——麻花（飾）

參考來源：《明史》、《明太祖實錄》、《明史紀事本末》、《明會要》、《明朝小史》、《廿二史劄記》、傅樂成《中國通史》、白壽彝《中國通史》、蔡美彪《中國通史》、翦伯贊《中國史綱要》、張豈之《中國歷史·元明清卷》、南炳文和湯綱《明史》、婁曾泉和顏章炮《明朝史話》、商傳《明太祖朱元璋》、吳晗《朱元璋傳》、許大齡和王天有《明朝十六帝》、夏維中和韓文寧《明孝陵》、趙中男等《明代宮廷政治史》、何新華《中國外交史：從夏至清》、[美]牟復禮和[英]崔瑞德《劍橋中國明代史》、馮紹霆《細說明太祖》

附錄

【操心老爸】

朱元璋很關心朱標的學習狀況，
經常詢問朱標最近學了什麼。
如果朱標有不會的地方，
他還會為朱標講解。

【傷心過度】

朱標的死讓朱元璋十分傷心，
當朱標的葬禮結束後，
他一度不願意換下喪服。

【大本堂】

朱元璋很重視諸王的教育，
他在宮裡建了一個叫大本堂的「教室」，
裡面有大學者授課，
還有其他學生陪讀。

百群喵檔案

煎餅小劇場

《悄悄話 1》

《悄悄話 2》

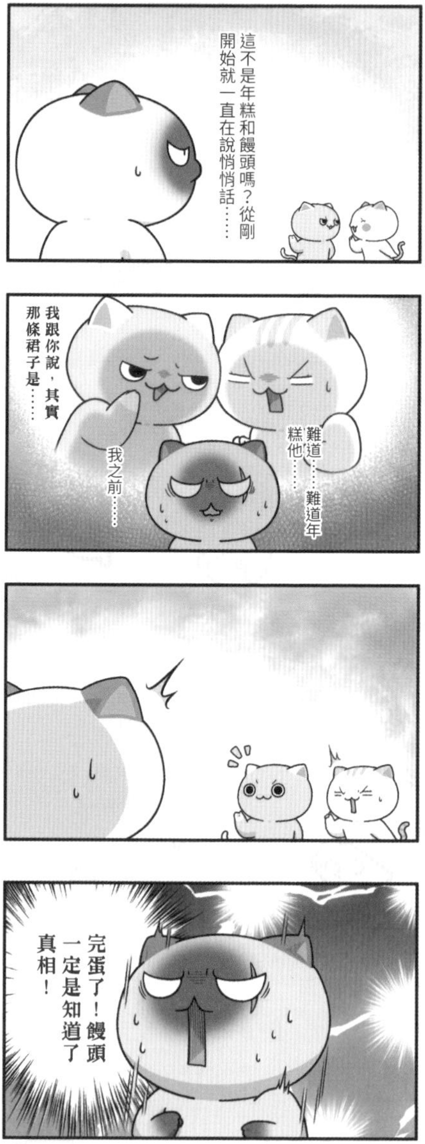

唐舞馬銜杯仿皮囊式銀壺

煎餅

雙魚座

生日：3 月 3 日

身高：182 公分

收過最喜歡的禮物：

絕版漫畫

（煎餅擬人介紹）

煎餅的機器喵
Jianbing's Robot

第一百五十一回◉建文削藩

為了**鞏固**朱家皇朝的**統治**，
明太祖朱元璋喵將**諸子**分封**為王**。

婁曾泉、顏章炮《明朝史話》：
「為了朱明王朝能夠千秋萬代傳下去，他（朱元璋）決定分封諸王，屏藩王室。洪武三年（1370）、十一年（1378）、二十四年（1391），他先後三次把自己的親兒子都封為親王。」

諸王**地位極高**，

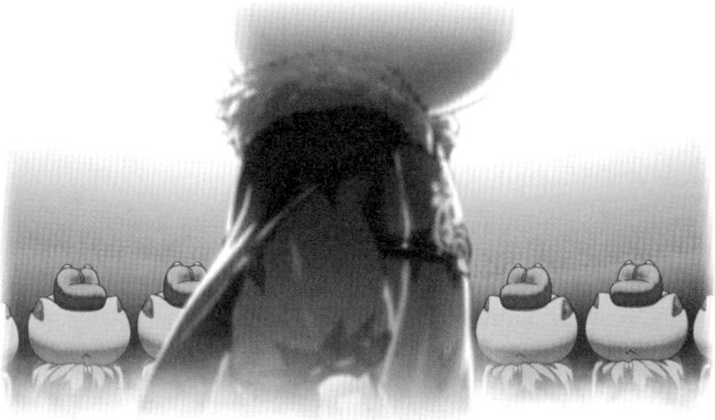

《明史．卷一一六》：
「明制，皇子封親王，授金冊金寶，歲祿萬石，府置官屬。護衛甲士少者三千人，多者至萬九千人，隸籍兵部。冕服車旗邸第，下天子一等。公侯大臣伏而拜謁，無敢鈞禮。」

雖然不得干預地方民政，
但卻**掌握兵權**。

白壽彝《中國通史》：
「朱元璋要讓眾子孫都來出力，以維護朱家皇朝……名義上，親王不得干預地方事務。但是在緊急情況下，親王可調遣王國所在地的鎮守兵。每有軍事行動，諸王都要帶領護衛隨軍出征……」

這樣的設置在皇朝初期
確實起到了**鞏固統治**和**防止叛亂**的作用，

白壽彝《中國通史》：
「洪武十一年（1378），秦王就藩西安，晉王就藩太原。十三年以後，隨著諸王年齡的增長，紛紛就藩各地……起到屏藩王室、翼衛朝廷的作用……」

然而這也為一場**紛爭**埋下了種子。

南炳文、湯綱《明史》：
「分封的禍患，在朱元璋死後，很快就降臨了。」

而激發這場紛爭的正是明朝的**第二任皇帝**，

他就是建文帝**朱允炆喵**。

《明史．卷四》：
「（洪武）三十一年（1398年）閏五月，太祖（朱元璋）崩。辛卯，（朱允炆）即皇帝位。」
《明史紀事本末．卷十五》：
「洪武三十一年（1398年）閏五月，建文帝（朱允炆）即位，詔改明年為建文元年。」

允炆喵雖然是**皇孫**，

《明史．卷四》：
「恭閔惠皇帝諱允炆。太祖（朱元璋）孫……」

但按照禮法，

作為庶子的他並**沒有繼承**皇位的**機會**。

庶子

《明史・卷四》：

「……懿文太子（朱標）第二子也。母妃呂氏。」

《明史・卷一一八》：

「興宗（朱標）五子。后常氏生虞懷王雄英、吳王允熥……虞懷王雄英，興宗長子，太祖（朱元璋）嫡長孫也。」

可碰巧他的儲君爹和嫡長子大哥**都死了**，

弟弟，哥哥先走一步了。
兒子，爸爸先走一步了。

許大齡、王天有《明朝十六帝》：

「洪武元年（1368年），朱元璋立長子為太子，這就是懿文太子朱標。洪武二十五年（1392年），懿文太子不幸早逝……朱標共生有五子，長子雄英早夭，第二子朱允炆便居長了。」

於是小小年紀的他

就被爺爺朱元璋喵立為了**新的繼承者**。

看來只能是你了！

《明史・卷三》：

「（1392年）九月庚寅，（朱元璋）立皇孫允炆為皇太孫。」

[美]牟復禮、[英]崔瑞德《劍橋中國明代史》：

「這個未經過考驗的男孩（朱允炆）被立為皇嗣時不足15歲……」

允炆喵從小就**聰明**，

《明史・卷四》：
「帝（朱允炆）生穎慧好學，性至孝。」

做了皇帝後也十分**勤勉**，

《明史・卷四》：
「（朱允炆）嘗因病晏朝，尹昌隆進諫，即深自引咎，宣其疏於中外。」
孫魏《明代外交機構研究》：
「從明代各帝王投入國家政治事務的精力多寡來看……（朱允炆）比較勤政，投入精力較多。」

不僅**放寬刑法**，

《明史・卷四》：
「（1398年）秋七月，（朱允炆）召漢中府教授方孝孺為翰林院侍講。詔行寬政，赦有罪，蠲逋賦。」

還大力**提高文臣**的**地位**。

許大齡、王天有《明朝十六帝》：
「明朝建國後，文官的地位仍然低於武官，這對於治理國家是不利的……（朱允炆）採取斷然措施，提高了文官的地位。」

可以說，允炆喵確實在履行一個**好皇帝**的本分。

《明史·卷四》：
「惠帝（朱允炆）天資仁厚。踐阼之初，親賢好學，召用方孝孺等。典章制度，銳意復古……除軍衛單丁，減蘇、松重賦，皆惠民之大者。」

然而，生於太平的他
無論是治國經驗還是本身威望，
都**難以駕馭**這個複雜的帝國。

蔡美彪《中國通史》：
「明惠宗（朱允炆）生長深宮，幼讀詩書，並無執政和作戰的實際經歷。明太祖（朱元璋）定制，軍政大權集中於皇帝和朝廷，新即位的年輕皇帝不得不肩負起不堪承受的重擔。」

在當時的情況下，
皇帝雖然象徵著**最高權力**，

白鋼《中國政治制度通史》：「（朱元璋）採取了一系列有效的措施，不遺餘力地鞏固皇權、擴大皇權。」「朱元璋這樣煞費苦心的結果，使明代皇權得以確立，並達到了空前膨脹的地步。中央集權程度之深，範圍之廣，均前所未有。」

但藩王卻擁有著**地方兵權**。

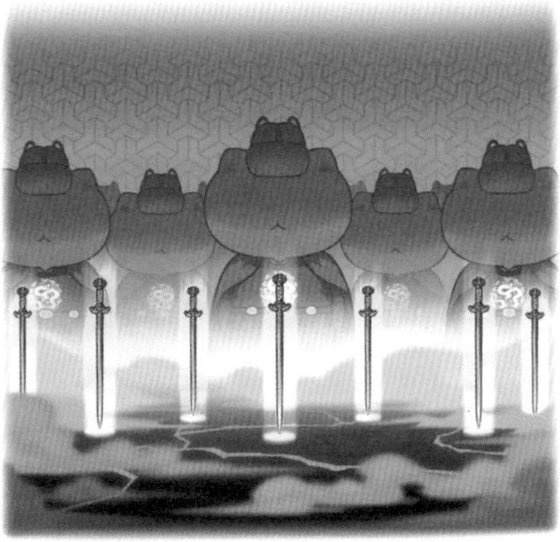

傅樂成《中國通史》：「洪武三年（1370）到二十四年（1391）間，（朱元璋）先後分封為了二十五個王……他們各有護衛的軍隊，少者三千人，多者至一萬九千人，實力相當雄厚。此外太祖（朱元璋）每遇戰爭，常令諸王總領軍事，並得節制諸將……」

面對這個侄子輩的皇帝，
藩王叔叔們自然是**沒把他放**在**眼裡**。

《明史紀事本末．卷十五》：「洪武三十一年（1398年）閏五月，建文帝（朱允炆）即位，詔改明年為建文元年……時諸王以叔父之尊，多不遜。」

特別是那些鎮守邊關的**親王們**，

白鋼《中國政治制度通史》：「（朱元璋）在東北到西北漫長的邊防線上，安排了9個『塞王』……領兵出外作戰、視察邊陲、督軍、屯糧、築城。」

他們**長期征戰**，

白壽彝《中國通史》：「洪武初年，雖然元順帝帶領臣屬北遁朔漠，但仍擁有相當的實力。為了降服強敵，朱元璋發動了一次又一次的北征。故元勢力在明軍的打擊下日趨衰落，鎮守邊塞的親王卻在戰鬥中成長起來。」

手裡的軍隊更是**數量眾多**。

《明史紀事本末．卷十五》：「初，太祖（朱元璋）建都金陵，去邊塞六七千里，元裔時出沒塞下，捕殺吏卒，以故命並邊諸王得專制國中，擁三護衛重兵，遣將征諸路兵，必關白親王乃發。」

這對於允炆喵來說，
實在是**威脅巨大**。

黎東方《黎東方講史・細說明朝》：
「明惠帝（建文帝）朱允炆即位時，諸王都是其叔父，幾位年紀較大的藩王又都是久經沙場、屢建奇功、握有重兵的戰將，他們無視年輕懦弱的朱允炆。」

所以要解決這個問題，
允炆喵只有**一個方法**。

那就是**削藩**！

傅樂成《中國通史》：
「洪武三十一年（1398），太祖（朱元璋）死，太孫允炆繼立，是為惠帝。惠帝仁柔樂善，但英斷不足，即位後，信用東宮舊臣齊泰、黃子澄及大儒方孝儒（孺）。當時諸王跋扈，惠帝與齊、黃密議，決計加以削弱……」

可面對眾多藩王，
要**如何下手**呢？

呃……

當時就有大臣建議從藩王的**後代們**入手，

陛下可以從他們的崽下手。

晁中辰《明成祖傳》：
「高巍，他主張應像漢代主父偃的辦法那樣，實行『推恩』。」「主父偃的『推恩策』，是在原封國的土地上，除嫡長子繼承外，其他諸子也都要繼承一部分，郡王數目越來越多，力量越來越小。」

例如藩王**在北方**，
就把他們的後代**封到南方**。

兒子！
皇上有賞，去南方上任吧！
爸爸！

《明史・卷一四三》：
「（1398年）惠帝（朱允炆）即位……用事者方義（議）削諸王，獨巍與御史韓鬱先後請加恩。略曰：『……效主父偃推恩之策。在北諸王，子弟分封於南……』」

藩王如果**在南方**，
就把他們的後代**封到北方**。

《明史・卷一四三》：
「『……在南，子弟分封於北。如此則藩王之權，不削而自削矣……』」

這樣久了，
藩王的**勢力**自然會**越來越弱**。

《明史紀事本末・卷十五》：
「（1398年）前軍都督府斷事高巍上書論時政曰：『……效主父偃推恩之令，西北諸王子弟分封於東南，東南諸王子弟分封於西北，小其地，大其城，以分其力。如此，則藩王之權不削自弱矣……』」

可惜允炆喵**不聽**，

《明史紀事本末・卷十五》：
「上（朱允炆）嘉之，然不能用。」

因為那會兒藩王雖然有**威脅**，
但**中央**的實力還是**強得多**的，

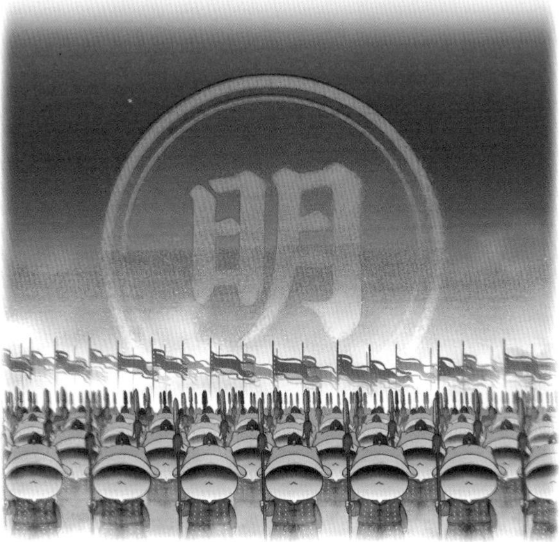

《明史·卷一四一》：
「先是，帝（朱允炆）為太孫時，
諸王多尊屬，擁重兵，患之。」

可以說有著**壓倒性**的**優勢**。

《明史·卷一四一》：
「始削藩議起，帝（朱允炆）入泰、
子澄言，謂以天下制一隅甚易。」

這致使允炆喵決定採取**更強硬**的手段。

軍事科學院《中國軍事通史》：「（1398年）允炆登極後，明廷皇權與分封各地的諸王王權之間的矛盾迅速尖銳……皇權與王權之間的衝突無法調和，終於兵戎相見。」

西元1398年，

周王被廢，遷徙雲南。

《明史．卷四》：「（1398年）八月，周王橚有罪，廢為庶人，徙雲南。」《明史．卷一一六》：「周定王橚，太祖（朱元璋）第五子……建文初，（朱允炆）以橚燕王母弟，頗疑憚之……執橚，竄蒙化，諸子並別徙。已，復召還京，錮之。」

第二年四月，

代王被廢，幽禁大同。

《明史紀事本末．卷十五》：「建文元年（1399年）春二月，（朱允炆）令親王不得節制文武吏士。更定官制。夏四月……幽代王桂於大同，廢為庶人。」《明史．卷一一七》：「代簡王桂，太祖（朱元璋）第十三子……建文時，以罪廢為庶人。」

齊王被廢，囚於京師。

《明史・卷一一六》：
「齊王榑，太祖（朱元璋）第七
子……建文初，有告變者。召至
京，廢為庶人，與周王同禁錮。」

湘王被指控謀反，**自焚而死**。

《明史・卷四》：
「（1399年）夏四月，湘王柏自焚死。
齊王榑、代王桂有罪，廢為庶人。」
《明史・卷一一七》：
「湘獻王柏，太祖（朱元璋）第十二
子……建文初，有告柏反者，帝（朱
允炆）遣使即訊。柏懼，無以自明，
闔宮焚死。」

同年六月，

岷王被廢，徙置漳州。

《明史・卷四》：
「（1399年）六月，岷王楩有
罪，廢為庶人，徙漳州。」

短短一年間就有**五位**藩王**被廢**，

軍事科學院《中國軍事通史》：
「（朱允炆）於洪武三十一年（1398年）七月，以周王朱橚有謀反之事為藉口……削爵為庶人，遷居雲南。建文元年（1399年）五月，又先後幽代王朱桂於大同，廢岷王朱楩為庶人，迫湘王朱柏自焚而死，囚齊王朱榑於京師。」

朝廷與地方之間頓時充滿了**肅殺之氣**。

然而猛烈的削藩行動
確實大大地**展示**了允炆喵的**權威**，

晁中辰《明成祖傳》：
「建文帝（朱允炆）即位後的一年內，接連廢除了5個藩王，好像還頗有點氣魄。」

同時也**震懾**了各地藩王們。

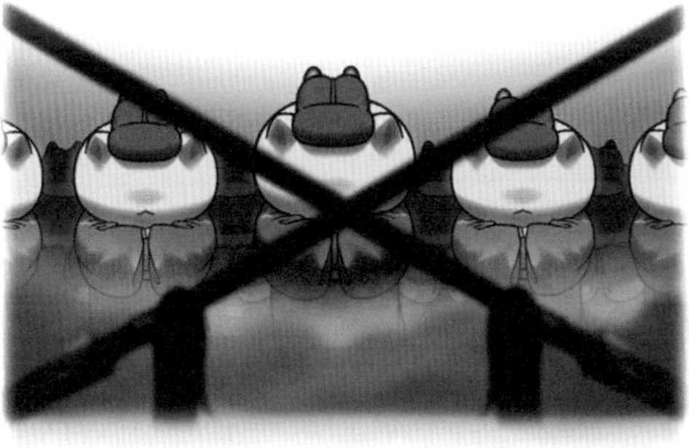

蔡美彪《中國通史》：
「惠宗（朱允炆）先後貶廢數王，削藩之勢已成，諸王均不自安。」

作為新皇朝的**二代**之君，
允炆喵的做法可以說是**應該的**，

因為消除地方威脅是
加強中央集權的必然之舉。

韋慶遠《中國政治制度史》：
「由藩王掌握過大的政治和軍事權力，證明是與空前提高的中央集權體制相衝突的。」
南炳文、湯綱《明史》：
「朱允炆採取削藩政策，這對鞏固中央集權是有利的……」

然而在這次削藩當中，

有一位藩王卻**逃過了**第一波的**打擊**。

《明史・卷五》：

「（洪武）三十一年（1398年）閏五月，太祖（朱元璋）崩，皇太孫（朱允炆）即位……時諸王以尊屬擁重兵，多不法。帝納齊泰、黃子澄謀，欲因事以次削除之。憚……強，未發……」

諸王們的遭遇讓他清楚朝廷的**屠刀**正在**迫近**。

軍事科學院《中國軍事通史》：

「五王被削，前後不過十個月左右。削奪如此之急，時間如此之迫，引起……的警惕……」

他是藩王中**最強**的**存在**，

蔡美彪《中國通史》：

「諸王中……年輩最長、權勢最大、軍功最高。」

也是允炆喵最**需要消滅**的**對手**。

傅樂成《中國通史》：
「（1398年）惠帝（朱允炆）即位，削藩議起……以雄藩最為朝廷所忌。」

他是**誰**呢？

（且聽下回分解。）

編者按

根據《明史竊》記載，朱元璋還在世時就曾問過朱允炆，如果藩王叛亂該怎麼辦。當時朱允炆的回答是「以德懷之，以禮制之，不可則削其地，又不可則變置其人，又其甚則舉兵伐之」。簡單講就是先禮後兵，最後實在沒辦法了再興兵討伐。這個循序漸進的策略得到了朱元璋的肯定，但在朱允炆即位後，他卻並沒有按照這個策略執行。被譽為「仁義之君」的朱允炆在削藩時顯得非常急躁，在手段上也很不留情。他削掉的五個藩王都是他的親叔叔，其中一個被逼死，其餘的被貶為庶人，而且還要被長期囚禁。此外，這五王都位於內地，實力不算強大，並不是朱允炆首要的威脅，在許多史學家眼裡其實既無必要，又過於偏激。

參考來源：《明史》、《明史紀事本末》、白壽彝《中國通史》、蔡美彪《中國通史》、傅樂成《中國通史》、南炳文和湯綱《明史》、許大齡和王天有《明朝十六帝》、婁曾泉和顏章炮《明朝史話》、軍事科學院《中國軍事通史》、[美]牟復禮和[英]崔瑞德《劍橋中國明代史》、孫魏《明代外交機構研究》、白鋼《中國政治制度通史》、黎東方《黎東方講史・細說明朝》、晃中辰《明成祖傳》、韋慶遠《中國政治制度史》

【迫不及待】

朱允炆還在當皇太孫時，
就已經和手下討論過
怎麼處理藩王的威脅，
所以他一即位就迫不及待地動手了。

【復古改革】

朱允炆即位後，
想參考周朝的制度進行改革，
但也只是將一些官職和宮殿的名稱
改得和周朝一樣，
其實沒什麼用。

【孝順孩子】

朱允炆很孝順他的父親朱標。
朱標生病時，
他沒日沒夜地照顧父親。
朱標去世了，
他更是傷心得瘦了一大圈。

群喵檔案

麻花小劇場

《轉移注意力》

秦始皇統一天下是西元多少年？
是西元……
打好了我都沒感覺，果然注意力被吸引走就不痛了。
打好了。
可我沒有感覺到痛呀，為啥年糕學長你在流淚……
因為我昨晚才幫你複習的歷史，你剛才竟然答不出來……我現在心痛……
啊！對不起！

《做夢》

流星啊！請你保佑我明天的考試能及格！
為什麼？難道連您都認為這個願望不可能實現嗎？
醒醒吧孩子，別做夢了。
不是這樣的，孩子……
主要是你再不醒醒……就要交卷了……

秦始皇陵青銅鶴

麻花

摩羯座

生日：12 月 24 日

身高：178 公分

收過最喜歡的禮物：

偶像的簽名照

（麻花擬人介紹）

麻花的機器喵
Mahua's Robot

第一百五十二回◉靖難之役

西元1398年，

皇孫**朱允炆喵稱帝**，執掌大明國政。

《明史・卷五》：
「（洪武）三十一年（1398年）閏五月，太祖（朱元璋）崩，皇太孫（朱允炆）即位……」

然而，資歷尚淺的他

對手握兵權的**親王們**非常**忌憚**，

《明史・卷一四一》：
「先是，帝（朱允炆）為太孫時，諸王多尊屬，擁重兵，患之。」
[美]牟復禮、[英]崔瑞德《劍橋中國明代史》：
「（朱允炆）毫無國政經驗，且不說和他的前皇祖考（朱元璋）相比，甚至比起他的雄才大略的叔父們，他也沒有那種自信心和堅強的性格，甚至沒有那種能力。」

於是進行了一場猛烈的**削藩運動**。

婁曾泉、顏章炮《明朝史話》：
「從洪武三十一年（1398年）八月至第二年六月的不到一年的時間裡，（朱允炆）先後削除了周、湘、齊、代、岷五個親王的藩王爵位，廢為庶人。」

而這之中，
有一位**藩王**可以說是他**最大**的**威脅**。

張岂之《中國歷史．元明清卷》：
「惠帝（朱允炆）標榜文治，實行寬政，同時針對諸王勢大難制的問題，與親信文臣齊泰、黃子澄、方孝孺等策劃削藩……尤為建文君臣所懼。」

他就是燕王**朱棣**ㄉㄧˋ**喵**。

傅樂成《中國通史》：
「燕王（朱）棣……及惠帝（朱允炆）即位，削藩議起，燕以雄藩最為朝廷所忌。」

朱棣喵是初代皇帝朱元璋喵的**第四子**，

《明史・卷五》：

「（朱）棣，太祖（朱元璋）第四子也。母孝慈高皇后。」

《明史紀事本末・卷十六》：

「洪武三年（1370年）夏四月，（朱元璋）詔封皇子棣為燕王……」

十一歲就被封為**燕王**。

晁中辰《明成祖傳》：

「朱棣在宮廷中度過了他的青少年時期。他11歲的時候被封為燕王。」

雖然是個王爺，

但朱棣喵卻一直接受著**嚴格**的**教育**。

商傳《永樂皇帝朱棣》：

「朱元璋對諸子的要求一向是極其明確而嚴格的。」

老爹元璋喵不僅請了**一堆名師**輪流**上課**，

《明史紀事本末・卷十四》：「（1368年）十一月辛丑，建大本堂，（朱元璋）命取古今圖籍充其中，延儒臣教授太子、諸王……」

沒學好還得**挨揍**。

《明史・卷一三七》：「李希顏，字愚庵，郟人。隱居不仕。太祖（朱元璋）手書徵之，至京，為諸王師。規範嚴峻，諸王有不率教者，或擊其額。」

除了讀書，

皇子們的體能**訓練**也**不輕鬆**。

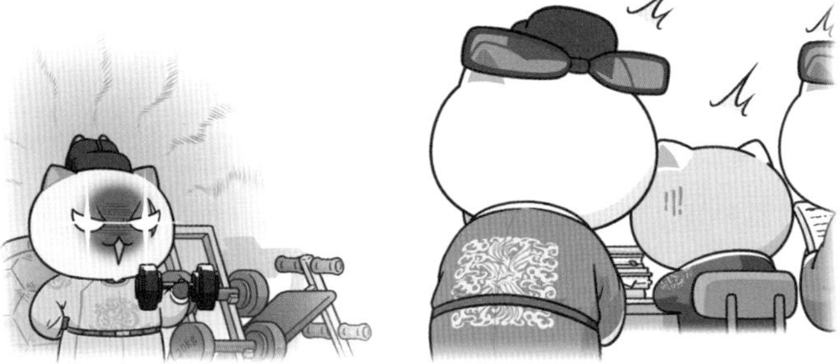

小時候出門遠行，
就要求必須有**三分之一**的路程**用腳走**，

《明太祖實錄·卷二十八下》：「（1367年）上（朱元璋）以諸子年漸長，宜習勤勞，使不驕惰，命內侍製麻屨行縢，凡出城稍遠，則令馬行其二，步趨其一。」

長大點還要做**戰爭演練**。

晁中辰《明成祖傳》：「朱元璋不希望他的兒子們成為文弱書生，就讓他們經常做些強筋健骨的活動……隨著年齡的增長，他們還要不時地在演武場上練習武備。」

作為皇子，朱棣喵**年紀輕輕**
就**成為了**鎮守北境的**藩王**之一。

[美]牟復禮、[英]崔瑞德《劍橋中國明代史》：「1370年5月，洪武帝（朱元璋）把他（朱棣）封為燕王，定他的封地在北平（今北京），讓他坐鎮北方邊境……」

毛佩琦《毛佩琦正說永樂大帝朱棣》：「（1380年）燕王朱棣帶領兩護衛將士五千七百七十人，離開南京前往他的封地北平（今北京）。這年朱棣整整二十一歲……」

在封地他**勤於軍政**，

商傳《明太祖朱元璋》：
「公元1393年以後，元勛宿將凋零，晉王與燕王（朱棣）便擔當起對付蒙古的軍事重任。他們還經常率領兄弟如齊王朱榑、楚王朱楨、遼王朱植、湘王朱柏等巡視邊境。」

重視生產，

殿下！
鄉親們日子過得好嗎？我們一起建設美麗北平吧！
好!
好!

晁中辰《明成祖傳》：
「朱棣除了精心料理藩府諸事外，還不斷四處巡視，了解山川形勢，體察民間疾苦。他有時路過田家，就到農民家中敘談，了解他們的生產和生活情況。」

相當受**軍民**的**擁護**。

努力

《奉天靖難記・卷一》：
「（朱棣）任賢使能，各盡其才，英賢之士，樂於為用。下至廝養小卒，咸得其歡心……每出親訪民間疾苦，撫循百姓，無男女老少皆愛戴焉。」

而**面對**北邊的元朝**舊勢力**，

蔡美彪《中國通史》：
「明朝建立後，與元朝王室諸王連年作戰。一三八八年，元室潰滅，蒙古汗仍據有大漠南北，與明朝對峙，形成明朝的強大威脅。」

朱棣喵則展現出**超強**的**軍事天賦**，

多次打得對方**丟盔棄甲**。

蔡美彪《中國通史》：
「諸藩中，防守北邊的晉王、寧王和燕王各擁重兵，尤以燕王朱棣權勢最為顯赫。燕王駐守元朝舊都北平，元室亡後，曾多次與邊地蒙古軍作戰獲勝……」

可以說，作為一個維護皇朝的**藩王**，

《明史·卷五》：

「（洪武）二十三年（1390年），（朱棣）同晉王討乃兒不花。晉王怯不敢進，王（朱棣）倍道趨迤都山，獲其全部而還，太祖（朱元璋）大喜。是後屢帥（率）諸將出征，並令王節制沿邊士馬，王威名大振。」

朱棣喵是**非常可靠**的存在。

傅樂成《中國通史》：

「燕王棣，太祖（朱元璋）第四子。太祖時，以首都南京，去邊塞六七千里，元室餘孽時常出沒塞下，因此太祖委近邊諸王以重兵，命其兼負防禦之責。燕王以勇敢善戰為太祖所喜，屢次命他率諸將出征，甚有威名。」

然而，上天卻給朱明皇朝開了個**玩笑**。

西元1392年，

儲君朱標喵**突然病逝**，

軍事科學院《中國軍事通史》：「洪武三十一年（1398年）閏五月初十，朱元璋病死，因太子朱標已於二十五年（1392年）早逝……」

皇孫朱允炆喵**繼任皇位**。

軍事科學院《中國軍事通史》：「故由皇太孫朱允炆於十六日即皇帝位……」

這便使得原本穩定的局面泛起了**漣漪**，

商傳《永樂皇帝朱棣》：
「皇太孫朱允炆是個性格仁柔的青年，人們都說他酷似其父（朱標），可惜他的處境卻無法同其父相比。」

因為握有兵權的**親王們**瞬間**成了**年輕皇帝的**威脅**。

蔡美彪《中國通史》：
「明太祖（朱元璋）分封諸子為王，以輔翼王室。諸王權勢日盛。為防禦蒙古，北邊藩王，得擁軍兵，權勢尤重。明惠宗（朱允炆）與諸王，國中為君臣，族內為侄叔。諸叔王分據各地，是新王朝難以控馭的威脅。」

於是為了鞏固自己的皇位，
皇帝允炆喵接連**廢除五位親王**。

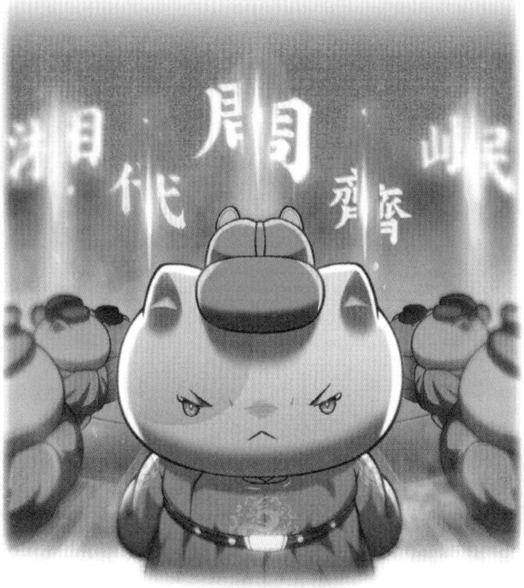

《明史・卷五》：
「（洪武）三十一年（1398年）閏五月，太祖（朱元璋）崩，皇太孫（朱允炆）即位……時諸王以尊屬擁重兵，多不法。帝納齊泰、黃子澄謀，欲因事以次削除之……先廢周王橚……湘、代、齊、岷皆以罪廢。」

而軍功最大且輩分最高的朱棣喵，
則成了**下一個**必須**剷除**的對象。

[美]牟復禮、[英]崔瑞德《劍橋中國明代史》：
「1398年末，即建文帝即位之初的幾個月中，皇帝開始考慮怎樣增強自己的權力而同時削弱諸封建王國的權力……一年之內在五個舉足輕重的藩封被廢之後，燕王便成了下一個目標。」

在這樣的情況下，
一場血緣之間的**殊死對決**開始了。

為了對付朱棣喵，
朝廷先是**替換**掉了朱棣喵封地的**官員**
以**控制**其**軍政大權**。

《明史．卷四》：
「(1398年)冬十一月，工部侍郎張昺為北平布政使，謝貴、張信掌北平都指揮使司，察燕陰事。」
軍事科學院《中國軍事通史》：
「(1398年)十一月，朝廷派工部侍郎張昺為北平布政使，謝貴為都指揮使，控制了北平的軍政大權，以監視朱棣。」

接著又**調走**了朱棣喵的**軍隊**，

《奉天靖難記·卷一》：
「（洪武）三十二年（1399年）三月，允炆以都督宋忠調沿邊各衛馬步官軍三萬屯開平，（燕）王府精壯悉選調隸忠麾下，王府胡騎指揮關童等悉召入京……」

同時還**調集重兵**對其進行**包圍**。

《奉天靖難記·卷一》：
「……調北平永清左衛官軍於彰德，永清右衛官軍於順德，以都督徐凱練兵於臨清，以都督耿瓛練兵於山海，張昺布置於外，謝貴窺伺於內，約期俱發。」

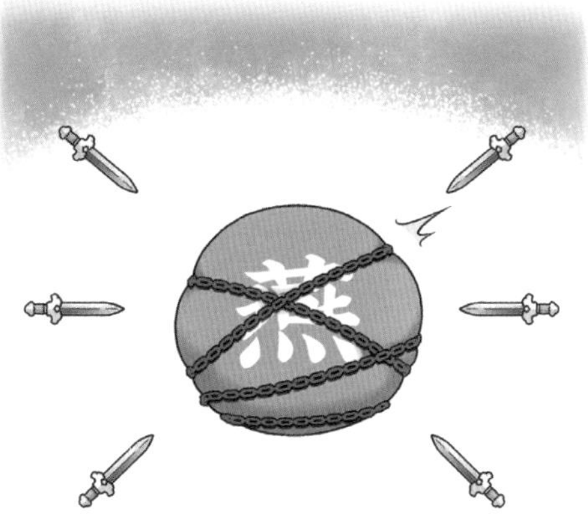

你要知道這時的大明可不是**末代帝國**，

不僅存留著**大量將才**，

趙中男等《明代宮廷政治史》：
「他（朱允炆）所能倚重的文武大臣，除了受命保嫡的大將與自己親近的武臣勳戚外，只有追隨和擁護他的東宮官屬。這些武臣有的曾跟隨太祖征戰，立下赫赫戰功……」

士兵也全是**百戰老兵**。

軍事科學院《中國軍事通史》：
「明代軍事史可分為四個時期：朱元璋參加農民起義至宣德年間（1352~1435年）為開創和強盛時期……」

可以說，在允炆喵的安排下，
朝廷將以**全國之力**對朱棣喵進行**剿滅**。

《奉天靖難記・卷一》：
「允炆曰：『計將安出？』黃子澄曰：『今天下全盛，士馬精強，兵甲饒富，糧餉充足，取之不竭，用之有餘，（朱棣）區區一隅之地，豈足以當天下之力……』」

而朱棣喵這邊呢，
只剩下**八百個護衛**，

《明史·卷五》：
「建文元年（1399年）夏六月，燕山百戶倪諒告變，逮官校于諒、周鐸等伏誅。（朱允炆）下詔讓王（朱棣）……都指揮使謝貴、布政使張昺以兵守王宮。王密與僧道衍謀，令指揮張玉、朱能潛納勇士八百人入府守衛。」

簡直是以一個**王府對抗**整個**帝國**。

《明史紀事本末·卷十六》：
「燕既起兵，非帝（朱允炆）殺王（朱棣），即王弒帝……合天下之兵，握一人（朱允炆）之手……燕王單旅孤城……」

然而朱棣喵多年的**仗**也**不是白打的**，

軍事科學院《中國軍事通史》：
「（朱棣）是個駕馭戰爭的能手，始終掌握著戰爭的主動權。」

在他的指揮下，
本部軍馬**很快**就**穩住了陣腳**，

《明史．卷五》：
「（1399年）秋七月癸酉，（朱棣）匿壯士端禮門，紿貴、昺入，殺之，遂奪九門。」
白壽彝《中國通史》：
「（1399年）他（朱棣）在端禮門內設置了伏兵，把張、謝誘入燕府，張、謝二人被殺。北平守軍群龍無首。燕王命張玉等率兵乘夜攻奪九門，北平迅速被朱棣控制。」

且很多以前的**老部下**紛紛**加入**他的**隊伍**。

晁中辰《明成祖傳》：
「燕王（朱棣）起兵的第二天，通州衛指揮房勝即率眾來降，並協助燕王作戰……房勝原是燕王的舊部……他的歸降不僅很快壯大了燕王的力量，而且為其它（他）地方的將領樹立了榜樣，致使不少重鎮以後陸續歸降。」

從那一刻起，
朱棣喵便**沒有**了**退路**。

商傳《永樂皇帝朱棣》：
「建文元年（1399年）七月初七，朱棣聚集將士誓師。」「他（朱棣）心中十分清楚，即使今後等待著他的是更加險惡的風雨，他也必須迎頭前去，因為對他來說，只要邁出今天這第一步，便不存在任何退路了。」

他要走的路，眼前只有一條，

名為「**靖難**」！

《明史·卷一四一》：
「建文元年（1399年），周、代、湘、齊、岷五王相繼以罪廢。七月，燕王舉兵反，師名『靖難』。」

翦伯贊《中國史綱要》：
「建文元年（1399年），朱棣以入京誅奸臣為名，向南京進兵，於是明朝統治集團內部的鬥爭演變為武裝的衝突，這就是『靖難之役』。」

靖難之役是一場藩王**造反之戰**。

蔡美彪《中國通史》：
「明太祖（朱元璋）病逝剛過一年，原來用以夾輔王室的燕王（朱棣），成為謀奪皇權的主將。明朝宗室間的一場爭奪皇位的內戰開始了。」

雖然歷史上有著名的**西漢七國之亂**和**西晉八王之亂**，

韋慶遠《中國政治制度史》：
「自秦建立以郡縣制為基礎的中央集權制以來……曾出現過大規模的裂土分封建國，導致了西漢吳楚七國之亂和西晉八王之亂。」

但均以**失敗**告終。

朱紹侯《中國古代史》：

「七國之亂經過三個月就平定了，使諸侯王勢力受到致命的打擊。」

韋慶遠《中國政治制度史》：

「西晉武帝司馬炎因為曹魏孤立而亡，於公元265年即位之始，便大封同姓諸王……因此出現了『八王之亂』。叛亂被平定之後，晉王朝更進一步壓抑宗室。」

而且當時還是多位藩王**聯合造反**，

翦伯贊《中國史綱要》：

「（漢）景帝三年（公元前154年）……吳王濞就聯絡楚、趙、膠西、膠東、淄川、濟南等六國，發動叛亂，史稱『七國之亂』。」

傅樂成《中國通史》：

「從（晉）元康元年（291）起，到（晉）光熙元年（306）……史書稱它為『八王之亂』，八王是指：汝南王亮、楚王瑋、趙王倫、齊王冏、長沙王乂、成都王穎、河間王顒和東海王越。」

朱棣喵這次卻只有自己**單打獨鬥**，

黎東方《黎東方講史．細說明朝》：

「燕王（朱棣）在起初，未必有造反的野心。他毫無地盤，所掌握的空間僅僅是一個宮城（元朝的故宮）。他的兵，只有三個護衛，而且不久便已抽去了精銳。」

可以說是**賭上了一切**。

張岂之《中國歷史·元明清卷》：

「靖難之役……就實力、道義諸因素而論，這次叛亂取得成功的可能性本來十分微弱……」

然而，超強的軍事經驗

卻讓他一次又一次地**頂住了**朝廷**進攻**。

傅樂成《中國通史》：

「（1399年）燕王（朱棣）稱兵後……惠帝（朱允炆）命耿炳文率師進討，炳文軍十數萬至滹沱河，為燕軍所敗……景隆實不知兵，率諸路軍五十萬，直薄北平城下，築壘圍之。燕王自外赴援，內外夾攻，諸軍皆潰……」

白溝河之戰十萬打敗六十萬，

蔡美彪《中國通史》：

「（1400年）李景隆會武定侯郭英及安陸侯吳傑等軍六十萬，號百萬，進抵白溝河……（朱棣）使張玉將中軍，朱能將左軍，陳亨將右軍，為先鋒，丘福將步騎，馬步軍共十餘萬……李景隆南奔，委棄器械輜重山積，死者十餘萬。」

夾河之戰斬首十餘萬，

《奉天靖難記・卷三》：
「（1401年）三月庚申朔，（朱棣）進軍緣滹沱河列營……偵知盛庸軍於夾河，進以迫之。」「至時我軍（燕軍）於東北，賊軍於西南，進與交戰……賊軍大敗，棄兵而走，斬首十餘萬級。」

靈璧之戰俘虜朝廷軍將領、士兵無數。

《明史・卷一四四》：
「（1402年）福欲持久老燕師，移營靈璧……燕兵乘之，人馬墜壕塹俱滿。福單騎走，安及陳暉、馬溥、徐真、孫成等三十七人皆被執。文臣宦官在軍被執者又百五十餘人……」

在長達三年的戰役中，
朱棣喵一直於前線**浴血奮戰**，

軍事科學院《中國軍事通史》：
「他（朱棣）在作戰中能親臨前線，身先士卒，作戰勇敢頑強，指揮靈活多變，勝則一鼓作氣，挫則整軍再戰……」

而允炆喵則只在皇城內進行著**空洞**的**決策**。

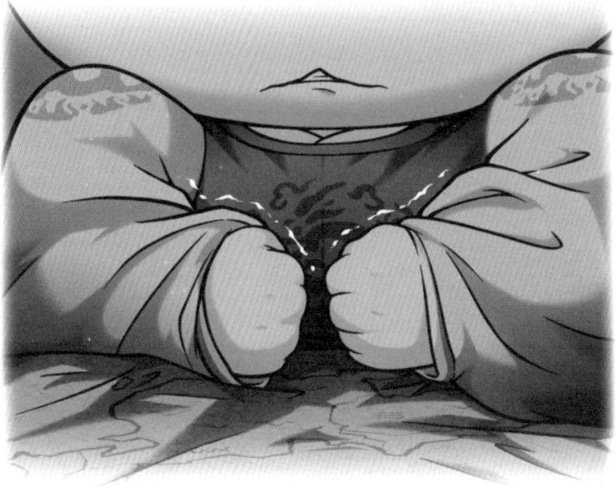

白鋼《中國政治制度通史》：「皇帝（朱允炆）對削藩雖然急迫，但卻缺乏縝密的計畫安排，他的軍政領導經驗，遠遠比不上諸王。」

隨著時間的推移，

勝利的**天平**最終還是**傾斜**了。

軍事科學院《中國軍事通史》：「朱棣在形勢險惡的情況下，以800精兵起事，挫敗了朝廷的進攻，並很快轉入反攻。在不到3年的時間內，消滅朝廷的百萬大軍。」

西元1402年，**南京城被破**，

《明史紀事本末・卷十六》：「（1402年）燕王（朱棣）慮京城完繕，四方或有勤王者，日夜為攻城計，乃命保等領先鋒騎兵千餘，哨至朝陽門。覘知無備，還報，燕王大喜乃整兵而進……時谷王橞與李景隆守金川門，燕兵至，遂開門降。」

歷時三年的「**靖難之役**」
以燕軍的**勝利**而落下帷幕。

翦伯贊《中國史綱要》：
「經過三年的戰爭，燕王棣打敗了建文帝（朱允炆），奪取了明朝政權，建元永樂。」

年輕的**建文帝**
在這場鬥爭中**失去了一切**，

《明史．卷四》：
「（1402年）六月癸丑，盛庸帥（率）舟師敗燕兵於浦子口，復戰不利……乙丑，燕兵犯金川門，左都督徐增壽謀內應，伏誅。谷王橞及李景隆叛，納燕兵，都城陷。宮中火起，帝（朱允炆）不知所終。」

朱棣喵則成為了
中國古代大一統皇朝中
唯一造反成功的**藩王**，

張豈之《中國歷史．元明清卷》：
「朱棣工於權謀，老於行陣，堅忍持久，屢挫不蹶，始為困獸之搏，終而一擲獲勝。這也成為中國古代大一統王朝中絕無僅有的一次地方藩王叛亂成功之例。」

最終在**首都**登基**稱帝**，

《明史·卷五》：
「（1402年）六月癸丑，江防都督僉事陳瑄以舟師叛，附於王（朱棣）……乙丑，至金川門，谷王橞、李景隆等開門納王，都城遂陷……丙寅，諸王群臣上表勸進。己巳，王謁孝陵。群臣備法駕，奉寶璽，迎呼萬歲。王升輦，詣奉天殿即皇帝位。」

是為**明太宗**。

《明史·卷七》：
「上（朱棣）尊謚曰體天弘道高明廣運聖武神功純仁至孝文皇帝，廟號太宗……嘉靖十七年（1538年）九月，改上尊謚曰啟天弘道高明肇運聖武神功純仁至孝文皇帝，廟號成祖。」

不過作為新一任的大明皇帝，
朱棣喵將**如何**治理大明的天下呢？

（且聽下回分解。）

編者按

朱棣在眾藩王中輩分高、能力強，說他有當皇帝的野心並非妄言，因此朱允炆對他的警惕是有合理性的。但是以朱棣當時的實力來說，想要造反成功，希望其實非常渺茫。如果不是朱允炆粗暴削藩，他可能到最後都不會選擇這條「以卵擊石」的道路。在此之後，朱棣遇到過強勁的對手，也遭受過軍事上的重挫，但他始終保持著毅力和決心，並在後來越戰越勇。相比之下，朱允炆的指揮則表現得優柔寡斷。在占據優勢時，他不夠警惕；在出現劣勢時，他又想妥協求和。這在戰場上都是兵家大忌，其結果就是朱允炆一步步由主動走向被動，成就了朱棣「以一隅得天下」的偉業，讓朱棣從藩王一躍成為了九五之尊。

朱允炆——豆花（飾）

朱元璋——煎餅（飾）

朱棣——年糕（飾）

參考來源：《明史》、《奉天靖難記》、《明史紀事本末》、《明太祖實錄》、晁中辰《明成祖傳》、白壽彝《中國通史》、傅樂成《中國通史》、蔡美彪《中國通史》、翦伯贊《中國史綱要》、商傳《永樂皇帝朱棣》及《明太祖朱元璋》、毛佩琦《毛佩琦正說永樂大帝朱棣》、軍事科學院《中國軍事通史》、張豈之《中國歷史·元明清卷》、[美]牟復禮和[英]崔瑞德《劍橋中國明代史》、婁曾泉和顏章炮《明朝史話》、趙中男等《明代宮廷政治史》、韋慶遠《中國政治制度史》、黎東方《黎東方講史·細說明朝》、白鋼《中國政治制度通史》、朱紹侯《中國古代史》

附錄

【離間失敗】

朱允炆曾寫信
拉攏朱棣的長子朱高熾，
離間這父子倆。
沒想到朱高熾根本不吃這套，
連看都沒看一眼。

【去向成謎】

朱棣攻進都城時，
朱允炆消失於一場大火之中。
有說法認為他被燒死了，
也有說法認為他從地道逃走了。

【將門之女】

朱棣的老婆徐氏
是明朝開國大將徐達之女，
很有軍事才能。
有一回，她只用很少的守軍，
就擋住了朝廷軍隊的進攻。

百群喵檔案

豆花小劇場

《浴室怪談》

《歪打正著》

洛神賦圖

豆花

天秤座

生日：10 月 16 日

身高：165 公分

收過最喜歡的禮物：

雛菊髮夾

（豆花擬人介紹）

豆花的機器喵

Douhua's Robot

第一百五十三回◉永樂大帝

經過三年的靖難之役，
朱棣喵最終**奪得皇位**，

朱紹侯《中國古代史》：
「建文元年（1399年）七月，燕王（朱棣）以誅齊、黃為名，起『靖難軍』，奪取了河北大部地區……經過三年戰爭，建文四年（1402年）六月，燕王終於奪取了帝位，改元永樂……史稱『靖難之役』。」

是為**明太宗**。

《明太宗實錄．卷一》：
「大明太宗體天弘道高明廣運聖武神功純仁至孝文皇帝諱（朱棣），太祖聖神文武欽明啟運俊德成功統天大孝高皇帝（朱元璋）第四子也。」

作為一個皇帝，
朱棣喵還是**很合格**的，

婁曾泉、顏章炮《明朝史話》：
「永樂帝（朱棣）不失為一個雄才大略的皇帝，他對於歷史的發展是起了積極作用的。」

每天**天沒亮**就開始**上班**，

白壽彝《中國通史》：
「朱棣確實是個勤奮的皇帝。永樂初，他每天『四鼓以興，衣冠靜坐』，『思四方之事，緩急之宜』，上午有早朝，下午有晚朝，外朝處事完畢，還要處理宮中之事……」

一直幹到**大半夜**，

《典故紀聞．卷六》：
「成祖（朱棣）問侍讀胡廣曰：『聞江西民眾而田少，農家亦給足否？』對曰：『勤者可給。』成祖曰：『……朕每退朝靜坐，必思今日所行幾事，某事於理如何，於人情如何，若皆合宜，心則安矣。有不合宜，雖中夜，必命左右記之……』」

有時候夜裡還會因為一些事沒辦好，
搞得睡都**睡不安穩**。

《典故紀聞．卷六》：
「成祖（朱棣）朝奉天門，百官奏事退，復召侍臣，與語久之……曰：『朕常在宮中周思庶事，或有一事未行，或行之未善，即不寐至旦，必行之乃心安……』」

在生活上，
朱棣喵也是十分**節儉**，

《明史·卷七》：
「文皇（朱棣）少長習兵，據幽燕形勝之地，乘建文孱弱，長驅內向，奄有四海。即位以後，躬行節儉……」

衣服破了就**補一補**繼續穿。

《明太宗實錄·卷一四八》：
「（1414年）百官奏事畢，上（朱棣）退坐右順門，所服裡衣袖敝垢，納而復出。侍臣有讚聖德者，上歎曰：『朕雖日十易新衣未嘗無，但自念當惜福，故每浣濯更進……』」

這都是因為他知道皇位的**來之不易**，

晃中辰《明成祖傳》：
「明成祖（朱棣）的皇位來之不易，他是在實際鬥爭中一步步走過來的。他心裡很清楚，要鞏固皇位也很艱難。」

更何況……
他身上還有個「**造反**」的標籤。

傅樂成《中國通史》：
「建文元年（1399），湘王柏（封於荊州，今湖北江陵縣）因罪自殺……燕王棣，藉口發動叛變，掀起一場連亙三年的戰爭。」

所以，他必須鞏固自己的統治
並竭力**幹出成績**來！

晁中辰《明成祖傳》：
「明成祖（朱棣）還有塊心病，即背著一個『篡逆』的惡名，所以他要盡力表現得比其他的帝王更傑出，以顯示自己乃天命之所歸。」

在當時，朱棣喵雖已稱帝，
但政治上的**反對派**還是**很多**的。

蔡美彪《中國通史》：
「（1402年）燕軍於十三日進抵京師金川門，守衛金川門的李景隆和谷王橞開門迎降……惠宗（朱允炆）與諸妃在宮中縱火自殺。」「惠宗自焚之日，朝中諸臣拒不降燕……」

朱棣喵對他們可一點都**不手軟**，

白壽彝《中國通史》：
「朱棣上台後的首要任務是宣傳自己即位的合法性和處置政治反對派……朱棣對政治反對派的鎮壓不僅是殘酷的，也是空前野蠻的。」

反正**通通幹掉**就完事了。

《明史·卷五》：
「（1402年）乙丑，至金川門，谷王橞、李景隆等開門納王（朱棣），都城遂陷……大索齊泰、黃子澄、方孝孺等五十餘人，榜其姓名曰奸臣。丙寅，諸王群臣上表勸進……王升輦，詣奉天殿即皇帝位……殺齊泰、黃子澄、方孝孺，並夷其族。坐奸黨死者甚眾。」

而比反對派更頭疼的其實是**藩王們**。

蔡美彪《中國通史》：
「成祖（朱棣）即位後，仍然面臨著如何處置藩王的嚴重課題。」

朱棣喵自己就是**造反上位**的，

誰知道**其他**藩王**會不會**也這麼幹呢？

造反！造反！
你可以，我也可以！
沒錯，誰還不是老朱家的大寶貝呢！
啊！

南炳文、湯綱《明史》：

「朱棣是以藩王起兵搶得皇帝寶座的，因此，他對藩王權勢過重的禍害自然十分清楚……」

於是朱棣喵也決定**削藩**，

削藩

朱紹侯《中國古代史》：

「燕王（朱棣）稱帝後，在相當長的一段時間裡對藩王仍採取削弱實力的政策……」

不過他的削藩要相對**溫和**許多。

首先是以前**被廢**的藩王一律**恢復**，

《明史．卷五》：
「（洪武）三十一年（1398年）閏五月，太祖（朱元璋）崩，皇太孫（朱允炆）即位……先廢周王橚，欲以牽引燕。於是告訐四起，湘、代、齊、岷皆以罪廢。」
《明史．卷六》：
「永樂元年（1403年）春正月己卯朔，（朱棣）御奉天殿受朝賀……復周王橚、齊王榑、代王桂、岷王楩舊封。」

完了還給**大量**的**賞賜**。

白壽彝《中國通史》：
「朱棣在對眾親王的態度上與建文帝（朱允炆）相比有所變化。凡在建文年間被廢黜幽繫的諸王一律恢復了王位。他們紛紛到京師朝見新天子，朱棣動輒給予大量賞賜。」

對於兵力較多的北境藩王則**遷到內地**，

內遷
辛苦了！回來吧！啊，順便把兵權交一交。

翦伯贊《中國史綱要》：
「（朱棣）繼續執行了削藩的政策，先後把被封在北方的諸王遷徙至南方……如徙谷王於長沙，徙寧王於南昌……」

《明穆宗實錄・卷三十二》：
「昔高皇帝（朱元璋）眾建諸王，皆擁重兵，據要地以為國家屏翰，此固一時也。迨（朱棣）靖難以後，防範滋密。兵權盡解……」
蔡美彪《中國通史》：
「當皇位確立後，明成祖（朱棣）密切監視諸王行動，在較長的時間裡，逐個地削奪塞王護衛，收取軍權。」

也逐漸**收回**了其他藩王的**兵權**。

那個……兵權！
遵命！

反正就是只要沒了造反能力，
就保你**安穩富貴**。

張豈之《中國歷史・元明清卷》：
「（朱棣）首先將原來統兵較多的『塞王』內遷……削其護衛……到了永樂末年，諸王護衛人數大減，也不再擁有代表皇帝鎮遏地方的軍事權力。大多數人都是徒擁虛名，坐糜厚祿，基本上已經成為單純的皇族地主。」

至此，藩王威脅皇權的**隱患**才算完全**消除**。

南炳文、湯綱《明史》：
「他（朱棣）首先於永樂元年（1403年）十一月革去代王桂的三護衛及官署……把當時掌握兵權的大部分親王，或削其護衛，或廢為庶人，基本上實現了削藩的目的。」

而對於百官，
朱棣喵則是再次**加強控制**。

蔡美彪《中國通史》：
「明成祖（朱棣）依兵力奪取皇位，更不能不疑慮臣下的不服和不忠……祕密偵察朝內外官員動靜。」

他爹在位時就有監控百官的**錦衣衛**，

《明史．卷五》：
「成祖啟天弘道高明肇運聖武神功純仁至孝文皇帝諱棣，太祖（朱元璋）第四子也。」
蔡美彪《中國通史》：
「明太祖在一三八二年設錦衣親軍都指揮使司，護衛皇室並偵察官員言行，通稱錦衣衛。」

他在這基礎上

還**增設**了由宦官組成的**東廠**，

《明史·卷九十五》：

「東廠之設，始於成祖（朱棣）。錦衣衛之獄，太祖（朱元璋）嘗用之，後已禁止，其復用亦自永樂時。廠與衛相倚，故言者並稱廠衛。初，成祖起北平，刺探宮中事……即位後專倚宦官，立東廠於東安門北，令嬖昵者提督之，緝訪謀逆妖言大奸惡等……」

形成了一個嚴密的**特務網**。

晁中辰《明成祖傳》：

「在永樂年間，外有錦衣衛，內有東廠，天下臣民都處在嚴密的監視之下。」

這些舉措無疑都大大**加強**了

皇權對內部的**統治力**。

白壽彝《中國通史》：

「朱棣以藩王即位，削弱諸藩勢力，強化皇權，使明祚延至二百餘年。朱棣繼承了朱元璋開創的制度，同時使它立於更鞏固的基礎之上……」

當然，只搞定內部還不夠，

外部的威脅也得**提防**。

在當時，

元朝的殘餘勢力雖然已經**退居漠北**，

張豈之《中國歷史・元明清卷》：

「元至正二十八年（1368）正月，朱元璋在應天府（今江蘇南京）即皇帝位……元順帝北奔上都（今內蒙古正藍旗東），形成北元政權。」

白壽彝《中國通史》：

「洪武年間，明太祖（朱元璋）為殲滅北元勢力，屢次征討漠北……永樂初年，蒙古分為三大部：兀良哈部、韃靼部、瓦剌部。」

但對**邊境**還是有**威脅**的。

翦伯贊《中國史綱要》：

「明成祖（朱棣）在位時期，兀良哈部的首領與明朝的關係極為密切，貿易也十分頻繁，彼此沒有發生過戰爭，但韃靼和瓦剌部卻經常在北邊縱兵騷擾。」

而明朝的**首都**又在**南方**，

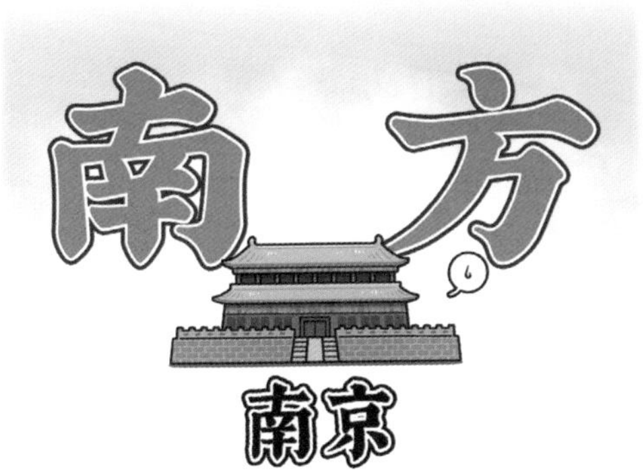
南方
南京

《明史·卷四十》：「應天府。元集慶路，屬江浙行省。太祖（朱元璋）丙申年（1356年）三月曰應天府。洪武元年（1368年）八月建都，曰南京。」

真要打起來，

還真**沒辦法**及時**馳援**。

北元
明
南京

晁中辰《明成祖傳》：「朱元璋的勢力是以南京（時稱『應天』）為基地發展起來的，他也是在南京即的皇帝位……當時的主要威脅是北邊的蒙元殘餘勢力，而南京距北方前線太遠，不宜調度。」

再加上原本鎮守邊疆的**藩王**又被**遷走**了，

報告，敵軍又打過來了！請指示！
我也不清楚，主管被調回去了。

軍事科學院《中國軍事通史》：「為了集中北部邊防的軍事指揮大權，朱棣採用較為巧妙的方法，先將軍權較大的寧、遼、谷三個塞王徙封他處。」

怎麼辦？

朱棣喵乾脆選擇**遷都**，

白壽彝《中國通史》：
「永樂十八年（1420）十一月，明成祖（朱棣）詔告天下，正式遷都……」

把首都從南邊直接**搬到**了**北邊**，

《明史．卷四十》：
「永樂元年（1403年）正月建北京於順天府，稱為『行在』。二月罷北平布政使司，以所領直隸北京行部；罷北平都指揮使司，以所領直隸北京留守行後軍都督府。（永樂）十九年（1421年）正月改北京為京師。」

還在周邊**增加重兵**。

商傳《永樂皇帝朱棣》：
「在遷都的同時，朱棣著力於北京的防衛力量……京師設七十二衛所，官軍約三十萬，畿內置五十餘衛所，官軍約二十萬……永樂二十二年（1424年）再設五軍、神機、三千三大營，北京成為強大的軍事城市。」

且自己親自盯著北邊的國界，
這就是所謂的**「天子守國門」**。

軍事科學院《中國軍事通史》：
「在當時的歷史條件下，朱棣決定都城北遷，直接控制北方重兵，緊握邊防指揮權，自決戎機……」
明孝陵博物館《明初南京五十三年》：
「北京就是朱棣的最佳選擇，這裡是他作為燕王的『龍飛』之地，同時也可以鞏固北方的邊防……也有著天子守國門的意思在裡面。」

當然啦，朱棣喵也不只有防守，
他更**擅長**的是**開拓**。

〔美〕牟復禮、〔英〕崔瑞德《劍橋中國明代史》：
「他（朱棣）作為一個軍事統帥而取得了權力，並用武力奪取了皇位……他不但試圖由北至南實施統一的統治，以此使邊境領土與內地一體化，而且把目光放在本土的邊境以外，把他的霸權擴向四面八方——從真正的世界中心睥睨世界。」

明朝在經過三十多年的積澱，
已經有了良好的**財政基礎**，

軍事科學院《中國軍事通史》：
「朱棣稱帝以後，由於經過朱元璋30多年的恢復和發展，除邊遠地區和周邊有些國家襲擾外，國家在政治上已經穩定，在經濟上已經具有較雄厚的物質基礎……」

再加上**戰鬥力爆表**的皇帝，

《奉天靖難記．卷一》：
「（朱棣）暇則閱武騎射，便捷如神，雖老將自以為不及。每料敵制勝，明見千里，賞罰號令，不爽而信。」

於是乎，朱棣喵五次**征伐蒙古**，

翦伯贊《中國史綱要》：
「從永樂八年（1410年）到永樂二十二年（1424年）之間，明成祖曾親自率兵五次出塞，先後打敗了本雅失里、阿魯台和馬哈木的蒙古騎兵，使韃靼、瓦剌兩部統治者都遭受很大的挫折。」

南邊**平定**了**安南**，

《明史・卷六》：

「（1406年）秋七月辛卯，朱能為征夷將軍，沐晟、張輔副之，帥（率）師分道討安南……（朱棣）詔曰：『安南皆朕赤子，惟（唯）黎季犛父子首惡必誅……』」「（1407年）夏四月己酉，振（賑）順天、河間、保定飢。五月甲子，張輔擒黎季犛、黎蒼獻京師，安南平。」

東邊則**打擊倭寇**，

《明史・卷七》：

「（1419年）夏五月丙午，都督方政敗黎利於可藍柵。六月壬午，（朱棣）免順天府去年水災田租。戊子，劉江殲倭寇於望海堝……」

在抵禦外敵的同時，

極大地**擴張**了大明的**領土**。

白壽彝《中國通史》：

「在朱棣統治的二十二年中……明朝的疆域得到了極大的開拓和鞏固……」

與此同時，

朱棣喵還打造出一支**龐大**的**艦隊**，

[美]牟復禮、[英]崔瑞德《劍橋中國明代史》：

「永樂帝（朱棣）還力圖把他的影響遠遠擴大到南海、印度洋和極東地方的國家和王國中去……船隊所包括的船隻，大者為九桅的中國平底帆船，長444英尺，寬186英尺；小者為五桅中國平底帆船，長180英尺，寬68英尺。船隊由約2.7萬名水手操縱……」

開展轟轟烈烈的航海活動，

結交海外**各國**。

《明史．卷三〇四》：

「鄭和，雲南人，世所謂三保太監者也……永樂三年（1405年）六月，（朱棣）命和及其儕王景弘等通使西洋。將士卒二萬七千八百餘人，多齎金幣。造大舶，修四十四丈、廣十八丈者六十二。」

大明的艦隊先後到達了**三十多個國家**，

蔡美彪《中國通史》：

「明成祖（朱棣）在位時期，先後六次派遣鄭和率舟師出使南海西洋以至西域諸國，遠至今西亞與東非，見於記載的所經國度，多至三十餘地。」

氣派的艦隊和豐富的物資

使得各國**大開眼界**，

朱紹侯《中國古代史》：

「為了發展對外關係，成祖（朱棣）特派遣鄭和率船隊下西洋。」「鄭和所率船隊滿載瓷器、茶葉、鐵器、農具……受到各國的熱情接待……給亞、非各國留下了良好印象。」

一些國家的國王

甚至**親自**到明朝**拜見**朱棣喵。

《明史·卷六》：

「（1405年）鬼力赤為其下所弒，立本雅失里為可汗。浡泥國王來朝。」「（1411年）浙江、湖廣、湖南、順天、揚州水，河南、陝西疫，（朱棣）遣使振（賑）之。滿剌加王來朝。爪哇、榜葛剌、古里、柯枝、蘇門答剌、阿魯、彭亨、急蘭丹、南巫里、暹羅入貢。」

這極大**提高**了朱棣喵的**威望**，

白壽彝《中國通史》：

「鄭和奉命出使，先後到達三十餘國，宣揚了國威，提高了明朝的政治外交地位，加強了明朝與西南各國之間的友好往來，促進了彼此間的文化經濟交流，朱棣在國內的威望也因之提高，地位更加鞏固。」

更極大地**提高**了**華夏**文明在海外的**影響**。

婁曾泉、顏章炮《明朝史話》：

「永樂帝（朱棣）在政治上、經濟上、軍事上，乃至對外關係等一系列的措施……鞏固了統治基礎，維護和發展了多民族國家的統一，並且擴大了對外影響，提高了國際聲望。」

大明帝國的威名**響徹天地**，

《明史・卷七》：

「至其（朱棣）季年，威德遐被，四方賓服，受朝命而入貢者殆三十國。幅隕之廣，遠邁漢、唐。成功駿烈，卓乎盛矣。」

然而這一系列的舉動需要極高的**財政支出**，

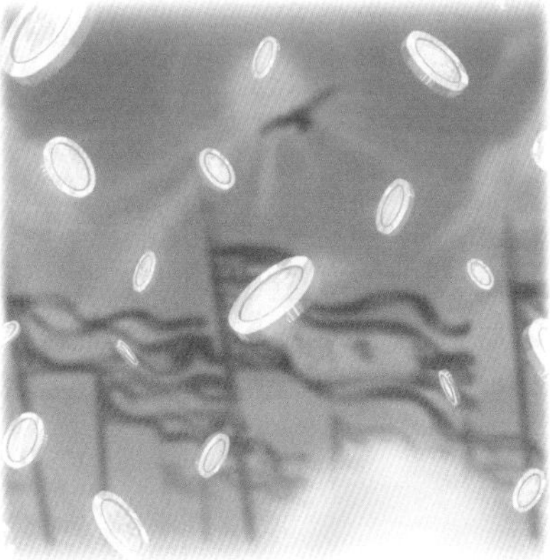

《明史‧卷一四九》：
「（1402年）成祖（朱棣）即位……當是時，兵革初定，論『靖難』功臣封賞，分封諸藩，增設武衛百司。已，又發卒八十萬問罪安南，中官造巨艦通海外諸國，大起北都宮闕。供億轉輸以鉅萬計，皆取給戶曹。」

這也使得明朝的財政**壓力巨大**。

［美］牟復禮、［英］崔瑞德《劍橋中國明代史》：
「永樂帝（朱棣）的國內計畫和對外征戰的花費是巨大和浪費的；它們給國家和黎民百姓造成了異常沉重的財政負擔。」

那麼大明的輝煌還能**延續**下去嗎？

（且聽下回分解。）

編者按

作為中國歷史上傑出的帝王之一，後世對朱棣的評價很高。例如後來的名臣張居正，就稱他「再造宇宙，功同開創」；《劍橋中國明代史》一書則將他評為「明王朝的第二位創立者」。這一方面是因為他繼承和完善了朱元璋定下的制度，將明皇朝推向了新的高峰；而朱棣自己也確實有著雄才大略，能將視線投向更高的地方。在他的治下，明朝有鄭和下西洋，陳誠出使西域，還有集古代經典於一體的《永樂大典》，每一件都讓後人讚歎。但我們也要意識到朱棣的歷史局限性。他雖然多次減稅、賑災，但作為封建帝王，他的功績依然是建立在剝削百姓之上的。此外，他在位時重用宦官，也為後來明朝的宦官擅權埋下了隱患。

朱棣——年糕（飾）

參考來源：《明史》、《典故紀聞》、《明太宗實錄》、《明穆宗實錄》、《奉天靖難記》、白壽彝《中國通史》、蔡美彪《中國通史》、晁中辰《明成祖傳》、翦伯贊《中國史綱要》、商傳《永樂皇帝朱棣》、朱紹侯《中國古代史》、軍事科學院《中國軍事通史》、婁曾泉和顏章炮《明朝史話》、傅樂成《中國通史》、南炳文和湯綱《明史》、張豈之《中國歷史・元明清卷》、明孝陵博物館《明初南京五十三年》、[美]牟復禮和[英]崔瑞德《劍橋中國明代史》

附錄

【鄭和下西洋】

鄭和是朱棣很信任的宦官，
也是一名出色的航海家。
他曾七次率領大明艦隊出海探險，
最遠甚至到達了非洲。

【戰鬥皇帝】

朱棣是個很拚的皇帝。
他長年征戰，而且經常親征，
最後在第五次北征蒙古的返途中
因病逝世。

【《永樂大典》】

朱棣曾下令收集天下書籍，
編成了一部《永樂大典》，
共有2萬多卷，約3.7億字，
是古代最大的百科全書。

百群喵檔案

年糕小劇場

《合體》

《未來職業》

千里江山圖
年糕
處女座
生日：9月8日
身高：181公分
收過最喜歡的禮物：
爸爸的生日祝福短信
（年糕擬人介紹）

年糕的機器喵
Niangao's Robot

第一百五十四回◉仁宣之治

在經歷了**太祖開國**，

《明史·卷二》：
「洪武元年（1368年）春正月乙亥，（朱元璋）祀天地於南郊，即皇帝位。定有天下之號曰明，建元洪武。」
蔡美彪《中國通史》：
「農民出身的明太祖朱元璋在元末農民戰爭中推翻元朝。一三六八年夏曆正月，在應天府建國號明……」

太宗開疆後，

[美]牟復禮、[英]崔瑞德《劍橋中國明代史》：
「永樂帝（朱棣）的謚號為文皇帝，廟號太宗。」
《明史·卷七》：
「文皇（朱棣）少長習兵……六師屢出，漠北塵清。至其季年，威德遐被，四方賓服，受朝命而入貢者殆三十國。幅隕之廣，遠邁漢、唐。成功駿烈，卓乎盛矣。」

大明已然成為一個**強大**的**帝國**。

晁中辰《明成祖傳》：
「在明代，朱元璋是王朝的建立者，經明成祖（朱棣）的發展才達於強盛，從而為明朝近300年的統治打下了一個較好的基礎。」

然而連年征戰所需的**軍費**
卻對國家**財政**造成了**巨大壓力**。

婁曾泉、顏章炮《明朝史話》：
「永樂一朝，經常戰爭，工役頻舉，支出浩繁。雖然當時的經濟繁榮，國庫殷實，但在這二十年左右的時間裡，耗費的物力畢竟是太多了。」

於是官員被迫**降薪水**，

白壽彝《中國通史》：
「朱棣為政過猛，步伐太急……五次親征漠北，每次動員兵力三十萬至五十萬不等，搜盡天下府庫以充軍餉……為支付巨大的開支，永樂末年甚至將官吏的俸給都撙節了十之六七，官吏家屬已有凍餒之虞……」

百姓則要交**更多的稅**。

晁中辰《明成祖傳》：
「隨著一筆又一筆數量驚人的開支，永樂初年那種『國用不絀』的局面便悄然失去，而變得府庫空虛。不管採取什麼方法和途徑，這一筆又一筆巨大的開支歸根結蒂要落在勞動人民的頭上。」

如此壓力下，
艱苦的**百姓**開始**反抗了**。

白壽彝《中國通史》：
「僅就《明太宗實錄》統計，永樂一朝所謂『民亂』『強賊』就達四十起之多。永樂末年，山西、河北，甚至號稱富庶的蘇、常、嘉、湖等地都出現了成夥的『強盜』和大批『流民』。」

此外，無論是明太祖還是明太宗，
他們的**手段**都非常**強硬**，

傅樂成《中國通史》：
「成祖（朱棣）的為人，有些地方頗有父風。他具有太祖（朱元璋）同樣的長處，諸如整飭吏治，躬行節儉，以及勤於政事等，但他對異己者手段的殘酷，殺戮的冤濫，都不讓太祖。」

鐵血統治也**引起**了統治階級**內部**的**恐慌**。

蔡美彪《中國通史》：
「明成祖（朱棣）在位二十二年，繼承太祖（朱元璋）的基業，鞏固了明王朝的統治。但一些過猛的弊政也不免積怨臣下，憤抑難平。」

這一切都在表明，
大明朝**需要**做出**調整**了。

於是到第四代皇帝**明仁宗**開始，
他便推行了以**寬鬆**為目的的**仁治**，

白壽彝《中國通史》：
「朱高熾（明仁宗）即位後所推行的仁治，實質上就是一種寬鬆政治。」

盡量給予百姓**休養**發展的**空間**，

《明仁宗實錄・卷一》：

「（1424年）上（明仁宗）登寶位……詔曰：『……各處造作除軍需外，其餘不急之務，盡皆停罷。今後各衙門非奉朝廷明文，不許一毫擅自科擾軍民……』」

白壽彝《中國通史》：

「（1424年）朱高熾八月即位……一反其父（朱棣）的所作所為，採取了與民休息的政策。」

可以說為明朝的轉變**奠定**了**基礎**。

蔡美彪《中國通史》：

「（明仁宗）曾力圖矯除積弊，有所作為……在位期間，起用文臣，組成了中樞統治機構，為明王朝此後的施政，奠立了基礎。」

可惜……他只當了**十個月**皇帝就**死了**……

《明史・卷八》：

「（永樂）二十二年（1424年）七月，成祖（朱棣）崩於榆木川。八月甲辰，遺詔至……丁巳，（明仁宗）即皇帝位。」「（1425年）五月己卯，侍讀李時勉、侍講羅汝敬以言事改御史，尋下獄。庚辰，帝（明仁宗）不豫……崩於欽安殿，年四十有八。」

而徹底將**改革**完成的是大明**第五代**皇帝，

他就是明宣宗**朱瞻基**喵。

姜守鵬《洪熙帝 宣德帝》：「明仁宗朱高熾（1378~1425年）、宣宗朱瞻基（1399~1435年）是明帝國第四任、第五任……封建帝王。」

瞻基喵長得**漂亮**，

《明史·卷九》：「生之前夕，成祖（朱棣）夢太祖（朱元璋）授以大圭曰：『傳之子孫，永世其昌。』既彌月，成祖見之曰：『兒英氣溢面，符吾夢矣。』」

腦袋瓜也**聰明**，

明

《明史·卷九》：
「比長，嗜書，智識傑出。」

從小就**受爺爺**朱棣喵的**喜愛**。

好孫子！長得好！
感覺和我一樣能打！

白壽彝《中國通史》：
「朱瞻基酷似其祖父朱棣，而且從他少年時起，便得到了朱棣特殊的寵愛和培養。」

十三歲就確立了他皇位**繼承者**的地位，

皇孫
真合適！

《明宣宗實錄·卷一》：
「宣宗憲天崇道英明神聖欽文昭武寬仁純孝章皇帝諱瞻基，仁宗昭皇帝嫡長子，母今太皇太后，以己卯歲（1399年）二月九日生上於北京。」
白壽彝《中國通史》：
「永樂九年（1411），朱瞻基被立為皇太孫，從而確立了他的儲君地位。」

十六歲已經跟著爺爺**出征**打仗去了。

白壽彝《中國通史》：「永樂十二年（1414），成祖（朱棣）第二次親自率師北征時，朱瞻基便隨同出征了。在忽蘭忽失溫激戰中，他在宦官李謙引導下追敵至九龍口……」

而且作為皇太孫，

瞻基喵同時也接受**良好**的**文化教育**，

《明宣宗實錄．卷一》：「（朱瞻基）初出就學，太宗皇帝（朱棣）命設講席於華蓋殿之東，令太子少師姚廣孝及翰林內閣之臣往侍講讀，後講讀於武英殿。」

可以說既**繼承**了爺爺的**勇武**，

白壽彝《中國通史》：「他（朱瞻基）既有著祖父（朱棣）的英武……」

也繼承了老爸的**睿智**。

白壽彝《中國通史》：

「……又具備了父親（明仁宗）的睿智……」

《明宣宗實錄．卷一》：

「上（朱瞻基）天資明睿，讀書一目數行，大義了然，每覽必盡卷，輒記不忘，五經治道。諸史，治亂興亡之要，尤所留意，諸子百家言涉道理者，咸領會之。」

西元**1425年**，

瞻基喵正式登基**稱帝**，

《明史．卷九》：

「（1425年）五月庚辰，仁宗不豫，璽書召（朱瞻基）還。六月辛丑，還至良鄉，受遺詔，入宮發喪。庚戌，即皇帝位。」

是為**明宣宗**。

《明史．卷九》：

「宣宗憲天崇道英明神聖欽文昭武寬仁純孝章皇帝，諱瞻基，仁宗長子也。」

不過他這個皇帝位還是**有威脅**的，

威脅就是他**二叔**。

《明史・卷一一八》：
「漢王高煦，成祖（朱棣）第二子。性凶悍。」

趁著他剛繼位，
他二叔便**籌劃**著起兵**造反**。

白壽彝《中國通史》：
「宣德元年（1426）八月，漢王朱高煦效仿其父（朱棣）的『靖難』之役，上章指責仁宗違背洪武、永樂舊制……在其封地樂安起兵，對其侄兒宣宗朱瞻基發難。」

可還沒動手，

這事就**敗露**了，

白壽彝《中國通史》：

「然而，朱高煦遠沒有其父來得幸運，他曾命親信枚青潛入京師約英國公張輔為內應，而張輔反將枚青執送朝廷；他約山東都指揮使靳榮共同起事，結果為山東布、按二司官覺察而陰謀敗露。」

很快被瞻基喵**摁死**在**搖籃裡**，

《明史・卷九》：

「（1426年）八月壬戌，漢王高煦反……帝（朱瞻基）兩遣書諭降，又以敕繫矢射城中諭禍福。壬午，高煦出降。」

蔡美彪《中國通史》：

「宣宗出兵十日，迅速平定高煦，避免了一場爭奪皇位的戰亂。宣宗的統治穩固了。」

順手還進一步**削弱了**其他藩王的**權力**，

讓藩王們完全**沒了造反**的**可能**。

翦伯贊《中國史綱要》：
「宣德初，漢王朱高煦在樂安（今山東廣饒）舉兵反叛，宣宗親率大軍平叛。平叛後各地藩王護衛相繼裁減，勢力削弱，再也不能構成對中央的威脅，皇權進一步加強。」

不過瞻基喵並**不是**一個**愛戰**的君主，

張豈之《中國歷史・元明清卷》：
「明成祖（朱棣）一度征服安南，但統治不穩，耗師糜餉，成為朝廷沉重的負擔。宣德二年（1427），宣宗果斷放棄安南，撤回軍隊……」

他深知當時的大明需要**休養生息**。

《明宣宗實錄・卷五十四》：
「（1427年）己巳，（朱瞻基）敕諭行在六部都察院曰：『國以民為本，民安則國安，朕承大統，君主天下，孜孜夙夜，以安民心，顧國家用度，有不得已取之於民者，朕尤惓惓軫恤民艱……』」

於是他繼承了父親**寬鬆仁愛**的治國策略，

蔡美彪《中國通史》：
「宣宗二十七歲即帝位，依靠曾經入值東宮的閣臣，繼述仁宗穩定政局的大計，建立起明朝的統治。」

首先是**解決花錢**的問題，

對外的**征伐**……

翦伯贊《中國史綱要》：
「從永樂八年（1410年）到永樂二十二年（1424年）之間，明成祖（朱棣）曾親自率兵五次出塞，先後打敗了本雅失里、阿魯台和馬哈木的蒙古騎兵……」

暫停；

蔡美彪《中國通史》：
「宣宗一朝，對北邊以防禦為主，甚至不惜棄地移防，以求邊境的安寧。」

下西洋……

《明史・卷三〇四》：
「成祖疑惠帝亡海外，欲蹤跡之，且欲耀兵異域，示中國富強。永樂三年（1405年）六月，命和及其儕王景弘等通使西洋。」

暫停；

張豈之《中國歷史・元明清卷》：
「仁宗、宣宗提倡節儉，減省永樂時期官府向民間或海外『採辦』物料之舉，遠航西洋的行動也逐漸停止。」

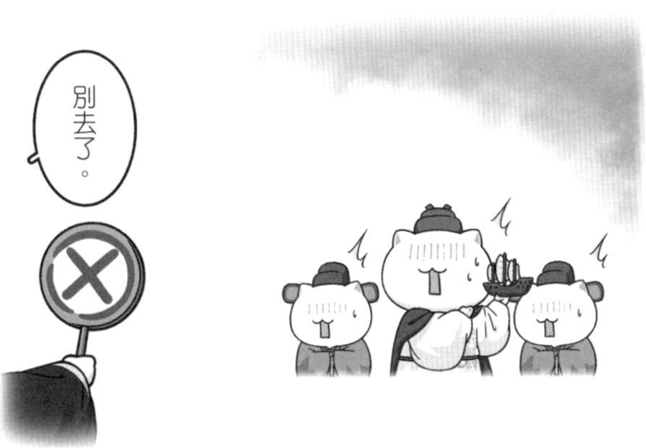

大型工程……

《明宣宗實錄．卷十五》：「（1426年）上（朱瞻基）諭行在工部尚書吳中等曰：『朕聞陝西去歲薄收，今軍民多艱食，而修襄陵、樂平二王府，漢中運茶及採紅花茜草之類，皆用民力，今東作之時，何暇及此？宜遣人馳驛，諭所司姑停止，所遣之人，皆令還京。』」

也暫停。

反正只要是花大錢的通通**暫停**。

白壽彝《中國通史》：「（1424年）仁宗即位後，停止了北征、營建和西洋寶船。這些緊縮開支的措施收到一定效果。宣宗即位後，在解決了漢王對皇位的威脅後，繼續推行了這種緊縮開支的政策。」

而在**民生**方面則是**減稅**，

《明史·卷九》：「（1426年）秋七月癸巳，京師地震，乙未，（朱瞻基）免山東夏稅。」

當時的明朝為了「**搞大事**」，
所收的**稅**是十分**高**的。

［美］牟復禮、［英］崔瑞德《劍橋中國明代史》：「永樂帝（朱棣）的國內計畫和對外征戰的花費是巨大和浪費的；它們給國家和黎民百姓造成了異常沉重的財政負擔。」

這也導致很多喵民為了**避免徵稅**，
紛紛**逃離**自己的**農田**。

許大齡、王天有《明朝十六帝》：「明代的流民問題，在宣德時期已經形成。當時，北方廣大地區流亡現象比較嚴重，這是永樂後期以來，由於遷都、北征加重徭役所造成的民生凋敝狀況，在連年災荒衝擊下進一步惡化的結果。」

久了，國家的**稅收**就大為**降低**。

姜守鵬《洪熙帝 宣德帝》：

「流民中既有工匠，也有士兵，但更多的是農民。當時明政府稱之為逃民。逃民的增多，不僅影響了封建秩序的安定，也影響了農業生產的發展，影響了封建國家的財政收入。」

為此，瞻基喵開展了**一系列**

鼓勵保護和發展農業經濟的**政策**。

姜守鵬《洪熙帝 宣德帝》：

「朱高熾與朱瞻基父子在原有的基礎上，繼續大力推行恢復和發展農業的政策。」

例如只要願意回去**耕地**的，

可以**減役**或**免稅**。

《明宣宗實錄．卷十四》：

「（1426年）上（朱瞻基）謂行在戶部尚書夏原吉等曰：『逃民初歸。固當寬恤，大赦之後，何逋不除，豈可謂初未申聞，便要徵納累年逋負，民何以堪？其即下有司，皆與蠲免。』」

不願意回去，想在當地種的，
也可以**就地**給**「戶口」**。

《明宣宗實錄．卷四十一》：「（朱瞻基）又諭原吉等曰：『各處逃徙人民，已有招諭復業，近聞不復業者尚多，爾戶部宜榜諭之，限三月內復業，凡前所負稅糧，悉與蠲免，其有久居於彼，產業已成者，許令占籍，仍令有司善加撫綏。』」

《明宣宗實錄．卷十四》：「（1426年）河東、陝西都轉運鹽使司奏：『……護池堤堰一百二十處及牆垣更鋪，近年為雨所壞，請依洪武中舊例。令蒲、解二州、安邑等縣民夫修築。』上（朱瞻基）諭行在工部臣曰：『方春農務為急，未可使民……』」

瞻基喵還**禁止**一切**打擾**農民耕種的活動。

這些手段很大程度上
給了大明朝一個**喘息**的**機會**，

白壽彝《中國通史》：「經過仁宗、宣宗兩代人的努力，明朝開始擺脫了開國以來，特別是永樂以來形成的種種財賦重負，真正走上了息兵養民的道路。」

使得**社會經濟**得到進一步的**恢復**和**發展**，

《明史·卷九》：

「（朱瞻基）即位以後，吏稱其職，政得其平，綱紀修明，倉庾充羨，閭閻樂業。歲不能災。蓋明興至是歷年六十，民氣漸舒，蒸然有治平之象矣。」

翦伯贊《中國史綱要》：

「仁、宣兩帝與大臣之間的關係極為融洽……當時明政府提倡節儉，專心內治，與民休息，使社會經濟持續繁榮。」

讓明帝國真正意義上達到**鼎盛**狀態，

南炳文、湯綱《明史》：

「明代仁宗、宣宗兩朝是明王朝的鼎盛時期。」

史稱「**仁宣之治**」。

婁曾泉、顏章炮《明朝史話》：

「仁宗、宣宗統治期間，基本上繼承洪武、永樂時期的政策，吏治比較清明，並在一定程度上讓老百姓休養生息，社會經濟繼續向上發展，因而，封建史學家頌揚這時期的統治為『仁宣之治』。」

然而在帝國繁榮的同時，

變數也隨之而來，

姜守鵬《洪熙帝宣德帝》：「明代的朱高熾、朱瞻基在封建帝王中屬開明者與有作為者。在他們統治的十餘年裡，封建的政治，經濟、文化有明顯發展……盛世之下仍有隱患，發展之中潛伏危機。」

大明將遇到**什麼事**呢？

（且聽下回分解。）

編者按

明太宗朱棣在位時，通過對外戰爭、下西洋等，使明朝的威望達到了巔峰。隨後仁宗、宣宗收斂鋒芒，發展經濟，又讓明朝達到了國力上的最強。所以有學者認為，應該將太宗、仁宗、宣宗祖孫三代在位的時間連在一起，並稱為「永宣盛世」。需要指出的是，「仁宣之治」的背後是明朝在外交上的收縮和保守。它確實節約了大筆開支，但也使明朝日漸封閉。雖然宣宗晚期意識到了對外交流的重要性，並開啟了明朝第七次下西洋活動，但終究還是因「費錢糧數十萬」沒能延續下去。反觀西方，在明朝停止下西洋的五十多年後，探險家哥倫布出海發現了新大陸，由此開啟了改變歐洲的大航海時代。東西方從此走向了截然不同的方向。

參考來源：《明史》、《明仁宗實錄》、《明宣宗實錄》、白壽彝《中國通史》、傅樂成《中國通史》、蔡美彪《中國通史》、南炳文和湯綱《明史》、翦伯贊《中國史綱要》、姜守鵬《洪熙帝 宣德帝》、婁曾泉和顏章炮《明朝史話》、[美]牟復禮和[英]崔瑞德《劍橋中國明代史》、晁中辰《明成祖傳》、張豈之《中國歷史・元明清卷》、許大齡和王天有《明朝十六帝》

附錄

【不忘學習】

朱棣帶朱瞻基出門打仗期間，
為了不耽誤朱瞻基讀書學習，
還安排了大臣隨行，
隨時給朱瞻基補課。

【曾祖托夢】

朱瞻基出生前，
爺爺朱棣曾夢到明太祖朱元璋
給他送了一個皇帝專用的玉器，
並讓他傳給子孫。

【仁厚兄長】

明仁宗是個好哥哥。
他當皇帝前，
他的弟弟們經常跟朱棣說他的壞話。
但弟弟們犯錯後，
仁宗都會為他們求情。

一群喵檔案

瓜子小劇場

《胡思亂想》

最近的身體真是弱了不少……
一坐久了，這兒也痛，那兒也痛的。
扭
我這樣會不會是提前衰老啊？
如果動不了，不就不能工作賺錢了？
搖
啊……那我吃飯怎麼辦啊？
不吃飯光喝水的話，能活過三天嗎？
啊啊啊！果然不能胡思亂想！
工作！工作！工作！

《新年願望》

想不到瓜子你今年也會來寫許願卡，寫的是什麼願望啊？
其實都是隨便寫寫的，類似世界和平之類……
那張卡就麻煩你幫我掛上去啦，先回了！
沒想到瓜子這麼大愛……
呃……
錢

瓜子

金牛座

生日：5月3日

身高：180 公分

收過最喜歡的禮物：

豬仔存錢罐

（瓜子擬人介紹）

瓜子的機器喵
Guazi's Robot

第一百五十五回◉土木之變

經過仁宣之治，

明朝國力發展到了**巔峰狀態**，

孟森《明史講義》：

「明之仁、宣，論者比之周有成、康，漢有文、景，為嗣主守文太平極盛之世。」

可惜明**宣宗**只幹了十年就**去世**了。

蔡美彪《中國通史》：

「宣宗（朱瞻基）二十七歲即帝位，依靠曾經入值東宮的閣臣，繼述仁宗穩定政局的大計，建立起明朝的統治。在位十年……」

婁曾泉、顏章炮《明朝史話》：

「宣德十年（1435），三十八歲的宣宗朱瞻基病死……」

好在此時的朝廷培養了一群**能幹**的**老臣**，

孟森《明史講義》：

「明自太祖（朱元璋）、成祖（朱棣）以後，宣宗崩時未滿四十……賴輔政者皆仁、宣舊臣……」

而且還有一個沉穩持重的**太皇太后**。

《明史・卷一一三》：

「仁宗誠孝皇后張氏……永樂二年（1404年）封皇太子妃。仁宗立，冊為皇后。宣宗（朱瞻基）即位，尊為皇太后。英宗即位，尊為太皇太后。」

白壽彝《中國通史》：

「張氏，永樂二年（1404）封為皇太子妃，歷永樂、洪熙、宣德三朝，經驗豐富，而且深識大體，嚴於律己……」

在他們的努力下，

明皇朝**延續**了原有的**安定**和**繁榮**。

《明史・卷十二》：

「……承仁、宣之業，海內富庶，朝野清晏。大臣如三楊、胡濙、張輔，皆累朝勳舊，受遺輔政，綱紀未弛。」

然而一個角色的登場卻讓這盛景**戛然而止**，

他就是大明第六代皇帝明英宗**朱祁鎮**喵。

白新良、王琳、楊效雷《正統帝景泰帝》：「正統皇帝朱祁鎮是明朝開國之後的第六位君主。」

祁鎮喵是宣宗的**長子**，

《明史・卷十》：「英宗法天立道仁明誠敬昭文憲武至德廣孝睿皇帝，諱祁鎮，宣宗（朱瞻基）長子也。」

從小就得到宣宗的**寵愛**。

寶貝！♥

白壽彝《中國通史》：
「明宣宗（朱瞻基）寵愛貴妃孫氏，更寵愛這個小孩（朱祁鎮）。他出生不久，於宣德三年（1428）二月初三日賜名祁鎮，又賜璽書。三天後，二月初六日冊立為皇太子。在明代皇太子正位東宮的年齡中，他是最小的一個。」

宣宗也對他**寄予厚望**，
希望他以後能成為一個優秀的皇帝。

長大了以後，能成為一個偉大的皇帝嗎？
能！

《明宣宗實錄．卷三十六》：
「（1428年）乙卯，（朱瞻基）賜今上皇帝（朱祁鎮）名，且以璽書諭之曰：『朕為天下之君，爾為朕長子，所以正國家之大本，承萬年之天序，皆在於爾。今賜爾名為祁鎮，夫祁者，至大之義；鎮者，安重撫定之道，宗社之尊，海宇之廣，民庶之繁，所系甚重，必有至大之德用能膺之……』」

可惜還沒等祁鎮喵長大，
宣宗就**先「掛了」**，

喀！

《明史．卷九》：
「（1427年）十一月乙酉，（朱瞻基）赦黎利……己亥，以皇長子（朱祁鎮）生大赦天下，免明年稅糧三之一。」
《明史．卷十》：
「宣德十年（1435年）春正月，宣宗（朱瞻基）崩……」

年僅**九歲**的祁鎮喵**接任**成了新一代**皇帝**。

《明史紀事本末‧卷二十九》：「宣德十年（1435年）春正月甲戌，帝（朱瞻基）崩於乾清宮。時皇太子（朱祁鎮）方九歲，即皇帝位，詔以明年為正統元年。」

不過因為皇帝年少，
於是政務由太皇太后和大臣們在**前面頂著**。

《明史‧卷一四八》：「（1435年）宣宗（朱瞻基）崩，英宗即位，方九齡。軍國大政關白太皇太后。太后推心任士奇、榮、溥三人，有事遣中使詣閣諮議，然後裁決。」

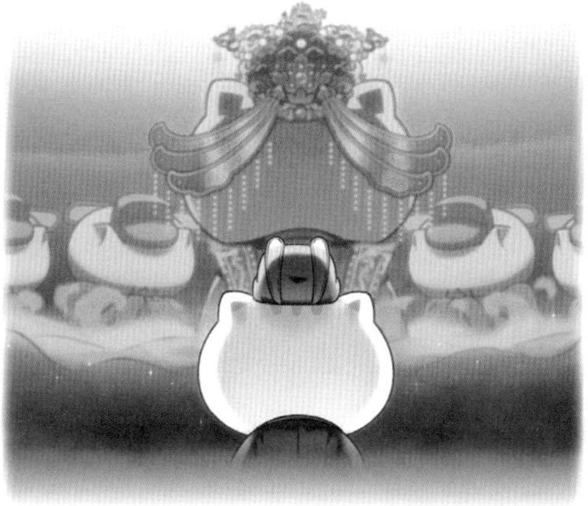

這讓祁鎮喵這個皇帝慢慢跟**另一股勢力**走到一起，

這就是**太監**。

余華青《中國宦官制度史》：

「『太監』本為古代職官名稱，如唐代、遼代均有太監官職的設置。後世始以太監專指宦官……」

他們**侍奉**皇帝的**起居**，

余華青《中國宦官制度史》：

「歷代宦官的基本職掌，主要是侍奉君主及其家族，承擔內廷有關衣、食、住、行以及其他方面的使令雜役。」

充當皇帝的**祕書**，

翦伯贊《中國史綱要》：

「明成祖（朱棣）為了強化君主專制政治，曾給予宦官一定的權柄，使他們成為皇帝得力的助手。明朝又在宮內設置了宦官二十四衙門，其中以司禮監的職權為最大。司禮監代皇帝審閱奏章，傳布政令。」

可以說是最了解皇帝

且**完全聽命**於皇帝的一個群體，

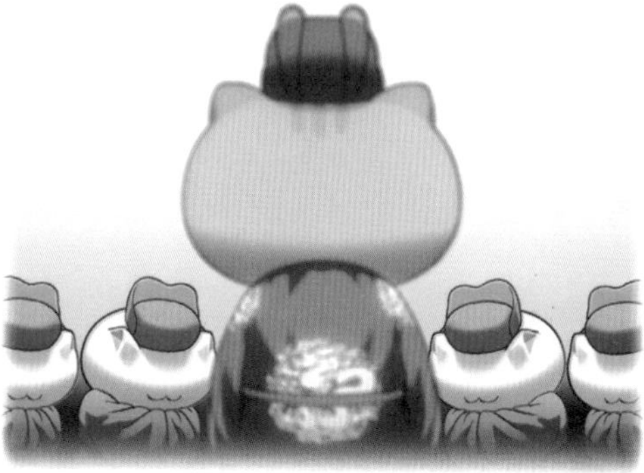

朱誠如《中國皇帝制度》：

「歷代封建帝王各有所好，宦官們最了解皇帝的心思、癖好。」

韓索林《宦官擅權概覽》：

「宦官，作為『刑餘之人』，是皇帝的家奴，既沒有與外界親族的聯繫，又沒有後嗣子孫和家業。他們唯一的出路是侍奉好皇帝，所以也就不由自主地將其主子——皇帝視為靠山。」

而這之中太監**王振喵最**受祁鎮喵**寵信**。

白壽彝《中國通史》：

「明英宗即位時只有九歲，他信任宦官王振，使之成為左右朝政的重要人物……」

王振喵當太監前是個**知識分子**，

《罪惟錄・列傳二十九下》：

「王振，大同人，始由儒士為教官……」

成績一般的那種，

《罪惟錄·列傳二十九下》：

「……九年無功，當謫戍。詔有子者許淨身入內，振遂自宮以進，授宮人書……」

後來**當了太監**因文化程度較高就得到了**重用**。

南炳文、湯綱《明史》：

「一般小宦官雖在內書堂讀書，但比起王振來，文墨上要遜色得多……王振因具備了這些有利條件，故受到明宣宗的信用……」

從祁鎮喵**小時候**開始，

他就**侍奉**左右。

南炳文、湯綱《明史》：

「……被派侍奉皇太子朱祁鎮讀書……」

為了**抱緊**未來皇帝的**大腿**，

王振喵可以說非常努力。

啊！來了！來了！
我餓啦！我餓啦！

白新良、王琳、楊效雷《正統帝 景泰帝》：

「宣德初，王振又以宣德皇帝（朱瞻基）親近太監的身分侍奉年幼的皇太子朱祁鎮。為圖異日的榮華富貴，王振盡心竭力服侍皇太子。」

《明英宗實錄・卷一三七》：

「（朱祁鎮）曰：『……朕自春宮至登大位，前後幾二十年，而爾（王振）夙夜在側，寢食弗違，保衛調護，克盡乃心……』」

祁鎮喵也確實**信任他**，

振振你幹得不錯！
謝殿下誇獎！

《明史・卷三〇四》：

「帝（朱祁鎮）方傾心向振，嘗以先生呼之。賜振敕，極褒美。」

於是等到祁鎮喵登上帝位，

王振喵同樣**獲得**了很大的**權力**。

去，讓他們知道厲害！
收到……

《明史・卷三〇四》：

「（1435年）英宗立，年少。振狡黠得帝歡，遂越金英等數人掌司禮監……」

傅樂成《中國通史》：

「內外章奏，皆由司禮監的掌印太監管理，而章奏文書的批決，則由秉筆太監及隨堂太監擔任。皇帝降旨，也由司禮監的宦官在旁寫出專案，然後交閣臣擬稿。因此，明代的司禮監，權力超過宰輔……」

他開始仰仗皇帝的權威**操弄朝政**，

《明史紀事本末・卷二十九》：
「英宗初立，年僅九齡。至張后崩時，年已十六……使振周公自待。大晏不預，懼振慚憤……」
白壽彝《中國通史》：
「（1442）十二月，王振毀去明太祖（朱元璋）所立『內臣不得干預政事』之大鐵牌，自是益無所忌憚，為所欲為，擅權亂政。」

在他的**打壓**下，
大臣不是被關大牢就是被弄死。

《明史・卷三〇四》：
「侍講劉球因雷震上言陳得失，語刺振。振下球獄，使指揮馬順支解之。大理少卿薛瑄、祭酒李時勉素不禮振。振摭他事陷瑄幾死，時勉至荷校國子監門。禦史李鐸遇振不跪，謫戍鐵嶺衛……所忤恨，輒加罪謫。」

滿朝文武在這對主僕的**威壓**下，
全都瑟瑟發抖。

張豈之《中國歷史·元明清卷》：
「(1442年) 王振又把明太祖（朱元璋）禁止宦官干政的鐵牌盜去。此牌在宣德時尚存，而到王振時便不見了。王振作威如此，因而舉朝無敢抗禮者，皆呼王振為『翁父』。」

於是乎，
祁鎮喵開始**隨意發動**軍事**行動**，

白壽彝《中國通史》：
「麓川之役發生於正統二年（1437），雲南麓川宣慰使思任發先後攻打『孟定、南甸、干崖、騰衝、潞江、金齒等處，自立頭目』……」「（1439）思任發致書雲南總兵官，表示願向朝廷進貢謝罪。然而，明朝廷卻拒絕了思任發的求和，於六年正月，由兵部尚書王驥督軍十五萬，再興麓川之師。」

十幾年的時間裡**消耗**大量**軍力物力**，

白壽彝《中國通史》：
「麓川戰事延至正統十四年（1449）方始告竣，歷時十二年。明朝廷長期以來將大部兵力投入麓川之役……貽患無窮。」
南炳文、湯綱《明史》：
「對麓川用兵，『老師費財，以一隅騷動天下』，給人民帶來了不少災禍，對明朝的國力也是巨大的消耗。」

大明國力開始逐漸**衰弱**。

白壽彝《中國通史》：

「正統九年（1444）三月，楊士奇病故……王振更加無所顧忌，威勢日重，自都憲以下，見之皆下跪。北邊瓦剌也先，亦已實力大增，又置甘肅行省名號。明英宗面臨內外交困局面。」

然而年輕氣盛的祁鎮喵還是想**搞**一件**大事**，

這就是**打**邊境的**蒙古喵**。

許大齡、王天有《明朝十六帝》：

「英宗久處深宮，對戰爭從無親身的感受，只知道他的曾祖永樂皇帝（朱棣）和父親宣德皇帝（朱瞻基）曾先後六次親征漠北，大展天威，便也想親提六師，掃蕩漠北……」

當年元朝殘餘勢力退回漠北後，

便分裂成了**韃靼**、**瓦剌**、**兀良哈**三股勢力，

軍事科學院《中國軍事通史》：
「元朝被推翻以後，其殘餘勢力遠遁漠北……建文四年（1402年）被蒙古鬼力赤奪位，去元號，稱韃靼可汗。這時，蒙古分為韃靼、瓦剌與兀良哈三大部。」

其中韃靼和兀良哈兩方

已經**被大明揍趴過**，

傅樂成《中國通史》：
「洪武末年，鬼力赤篡元裔，自稱韃靼可汗。成祖（朱棣）起兵時，鬼力赤曾出兵相助，永樂四年（1406），鬼力赤為臣下阿魯台所殺……成祖親征破之……」
《明史・卷九》：
「（1428年）秋七月戊辰，錄囚……兀良哈寇會州，帝（朱瞻基）帥（率）精卒三千人往擊之……大破之。」

唯獨瓦剌一直是個**隱患**。

翦伯贊《中國史綱要》：
「英宗正統初年，蒙古瓦剌部強盛起來，其首領脫歡統一了蒙古諸部，擁立原元朝皇室後裔脫脫不花為汗，自稱丞相。脫歡死後，其子也先西侵哈密，東破兀良哈三衛，並自稱太師淮王，成為明朝北方嚴重的邊患。」

於是祁鎮喵決定**親自出戰**，
給瓦剌一點顏色看看。

白新良、王琳、楊效雷《正統帝景泰帝》：
「正統十四年（1449）七月十二日，瓦剌也先大舉入寇……（朱祁鎮）年輕氣盛，欲成就太祖（朱元璋）、成祖（朱棣）數次親征蒙古、凱旋而歸的業績……下詔親征。」

雖然大臣們都極力**勸諫**祁鎮喵**不要冒險**，

《明史・卷一六九》：
「（1449年）帝（朱祁鎮）將親征也先，直率廷臣力諫曰：『……今敵肆猖獗，違天悖理，陛下但宜固封疆，申號令，堅壁清野，蓄銳以待之，可圖必勝。不必親御六師，遠臨塞下。況秋暑未退，旱氣未回，青草不豐，水泉猶塞，士馬之用未充。兵凶戰危，臣等以為不可。』」

但他**不聽**。

《明史・卷十》：
「（1449年）秋七月己丑，瓦剌也先寇大同，參將吳浩戰死，（朱祁鎮）下詔親征。吏部尚書王直帥（率）群臣諫，不聽。」

就這樣，**毫無**作戰**經驗**的祁鎮喵

帶領著軍隊**出發**了。

《明史紀事本末・卷三十二》：

「（1449年）也先大舉入寇，兵鋒銳甚……太監王振勸上（朱祁鎮）親征。命下，二日即行……」

白新良、王琳、楊效雷《正統帝景泰帝》：

「正統皇帝（朱祁鎮）不僅對『兵，凶器；戰，危事』，一無所知，而且與其馬背上打天下的祖輩相比，軍事經驗也幾乎等於零……」

在這途中他們分別遇到了……

暴雨、

《明史・卷三〇四》：

「（1449年）秋七月，也先大舉入寇，振挾帝（朱祁鎮）親征。廷臣交諫，弗聽。至宣府，大風雨……」

斷糧、

《明史紀事本末・卷三十二》：

「（朱祁鎮）偕王振並官軍五十餘萬人，至龍虎台駐營。方一鼓，眾軍訛相驚亂，皆以為不祥。明日，出居庸關，過懷來，至宣府。連日風雨，人情洶洶，聲息愈急……未至大同，兵士已乏糧……」

被戰場屍體**嚇到崩潰**等困境。

白壽彝《中國通史》：
「(1449) 明英宗統帥官軍五十萬，自京出發。英國公張輔等文武大臣從行……大軍出發之後，前方頻頻傳來敗報，『伏屍蔽野，眾心為寒』，加之風雨交加，眾皆危懼，軍紀大壞。」

再加上祁鎮喵和王振喵的**胡亂指揮**，

大明軍隊完全**失去**了**戰鬥力**。

朱紹侯《中國古代史》：
「(1449年) 八月初一日，英宗剛到大同，即聞悉大同守將在陽和（今山西陽高縣）失利……連忙回師……退至宣府土木堡……」
軍事科學院《中國軍事通史》：
「土木堡是由宣府通往居庸關的重要驛站……明軍無水，又飢又渴。瓦剌軍佯退，遣使持書前來講和……王振以為和議將成，下令拔營，南移就水，陣勢已亂。」

等真的碰到瓦剌大軍，

已經**來不及**了，

軍事科學院《中國軍事通史》：

「明軍南移不到三四里，瓦剌騎兵又從四面攻來。明軍士兵爭先逃跑，不能成軍……明軍死傷慘重……」

明軍幾乎**全軍被滅**。

《明史．卷三二八》：

「（朱祁鎮）至土木。諸臣議入保懷來，振顧輜重遽止，也先遂追及。土木地高，掘井二丈不得水，汲道已為敵據，眾渴……也先集騎四面衝之，士卒爭先走，行列大亂。敵跳陣而入，六軍大潰，死傷數十萬。」

王振喵也在亂軍中「**領了盒飯***」，

《明史・卷三〇四》：

「(1449年）八月己酉，帝（朱祁鎮）駐大同，振益欲北。鎮守太監郭敬以敵勢告，振始懼。班師，至雙寨，雨甚……軍士紆回奔走，壬戌始次土木。瓦剌兵追至，師大潰……振乃為亂兵所殺。」

* 盒飯：也作「便當」，「領了盒飯」意指人物的離開。

而作為一國之君的祁鎮喵

更是**淪為**了瓦剌的**俘虜**，

白壽彝《中國通史》：

「明英宗至土木，距懷來城二十里，遭到瓦剌也先的四面伏擊，明軍五十萬人，居然不堪敵騎一擊，全軍覆沒。明英宗被圍不得出，下馬據地而坐，遂被俘。」

這就是歷史上的「**土木之變**」。

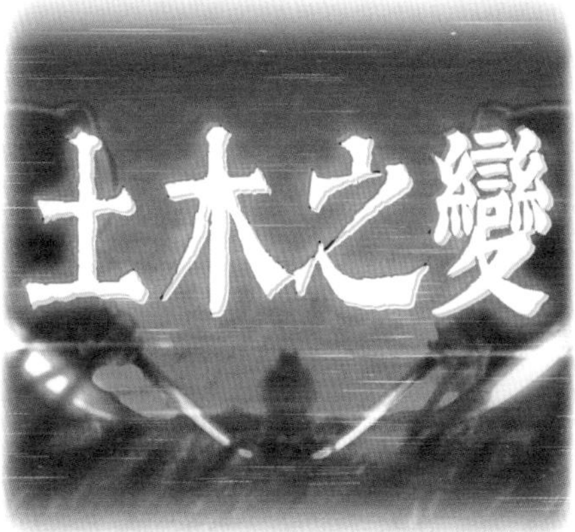

翦伯贊《中國史綱要》：

「正統十四年（1449年）七月，也先發動瓦剌軍4路南犯，大同告警。面對瓦剌的軍事威脅，王振調動三大營軍士共50萬人挾英宗親征……英宗被俘，王振為亂軍所殺，明軍全軍覆沒……史稱『土木之變』。」

土木堡之役的戰敗，

是明朝**由盛轉衰**的轉折點。

> 白壽彝《中國通史》：
> 「明朝經此巨變，將士無敵再戰，社會風氣日壞，國力大降。一般認為土木之敗，是明朝由強變弱的分界線。」

大明**精銳全失**，

> 蔡美彪《中國通史》：
> 「土木堡之戰，明軍倉促出師，進退失據，京軍精銳，毀於一旦，勇將重臣多人戰死。」

皇帝被俘，

更是使得整個國家陷入**迷茫**與**不安**之中。

> 白壽彝《中國通史》：
> 「明英宗被俘，一時國中無主，人心不安。」
> 《明史·卷一七〇》：
> 「明年（1449年）秋，也先大入寇，王振挾帝（朱祁鎮）親征。謙與尚書鄺埜極諫，不聽。埜從治兵，留謙理部事。及駕陷土木，京師大震，眾莫知所為。」

然而在這個**關鍵時刻**，
一個喵站了出來。

《明史·卷一七〇》：
「郕王監國，命群臣議戰守。侍講徐珵言星象有變，當南遷……厲聲曰『言南遷者，可斬也。京師天下根本，一動則大事去矣，獨不見宋南渡事乎！』」

他是**誰**呢？

（且聽下回分解。）

編者按

明朝前期，明軍對蒙古有著絕對優勢。這是因為蒙古分裂多年，不同部族相互爭鬥，有利於明朝逐個擊破。到明英宗即位時，內外的形勢都已發生了變化。一方面，當時的瓦剌逐漸統一蒙古各部，已經是一股不可忽視的力量。而在明朝內部，宦官專權已經越演越烈。在太宗到宣宗時代，宦官雖然也有一定的權力，但始終是皇帝的奴才，違法就會被嚴懲。而朱祁鎮即位時年紀小，不僅曾把王振視為老師，還對王振非常依賴。因為擔心大臣們欺負他年幼，還會故意借宦官來立威，打壓大臣勢力。最後，朱祁鎮也不是太宗、宣宗那樣能文能武的皇帝，沒有經過任何軍旅的考驗，在這樣的情況下貿然親征，大敗就不足為奇了。

參考來源：《明史》、《明宣宗實錄》、《明英宗實錄》、《明史紀事本末》、《罪惟錄》、孟森《明史講義》、蔡美彪《中國通史》、白壽彝《中國通史》、傅樂成《中國通史》、婁曾泉和顏章炮《明朝史話》、南炳文和湯綱《明史》、軍事科學院《中國軍事通史》、白新良等《正統帝 景泰帝》、翦伯贊《中國史綱要》、余華青《中國宦官制度史》、朱誠如《中國皇帝制度》、韓索林《宦官擅權概覽》、張豈之《中國歷史．元明清卷》、許大齡和王天有《明朝十六帝》、朱紹侯《中國古代史》

附錄

【坐等被抓】

土木之變時，
朱祁鎮曾試過突圍，但失敗了。
於是他乾脆放棄抵抗，
直接下馬坐在地上，
等著瓦剌人來抓他。

【下跪求情】

太皇太后很早就發現王振是個禍害，
打算殺了他。
沒想到朱祁鎮竟跪下為王振求情，
太皇太后最後放了他一馬。

【悲劇元老】

老將張輔是明朝的四朝元老。
他跟著朱祁鎮一起親征，
卻遭到王振排擠，
最後死於土木之變。

《創作》

每當靈感來臨之時，我都無法控制手中的筆。
各種想法噴湧而出！有太多東西想表達出來！
創作，就是要一氣呵成！
《心兒怦怦跳》
饅頭
天哪，饅頭你竟然會寫小說！
讓我好驚訝！太厲害了！
不，這是歌詞！

《關燈》

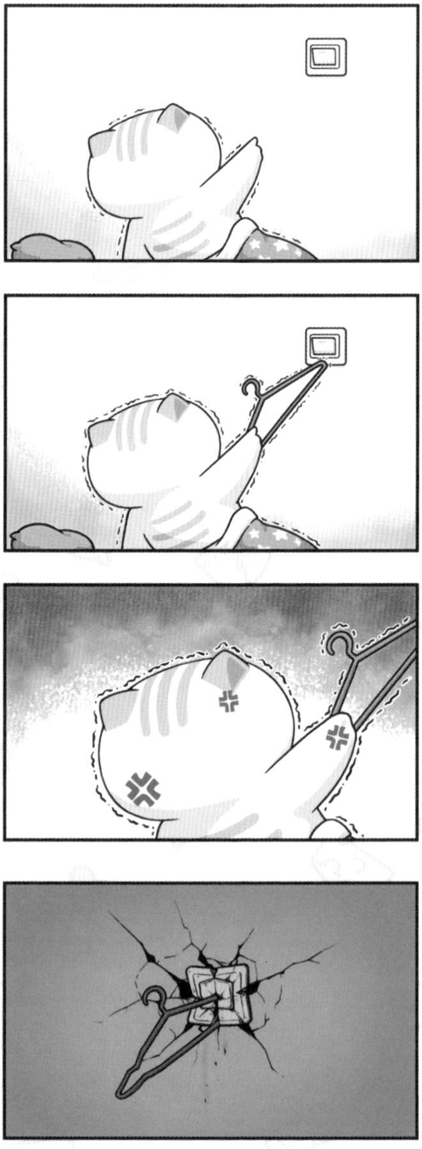

商婦好青銅鴞尊
饅頭
天蠍座
生日：10 月 31 日
身高：168 公分
收過最喜歡的禮物：
可愛的裙子
（饅頭擬人介紹）

饅頭的機器喵
Mantou's Robot

第一百五十六回 ◉ 少保破敵

在明英宗的**任意妄為**下，
明軍於土木堡之戰遭遇**慘敗**。

軍事科學院《中國軍事通史》：
「正統十四年（1449年），蒙古族的一支——瓦剌部舉兵犯明，王振挾明英宗朱祁鎮冒險親征。在土木堡（在今河北懷來東南），明幾十萬大軍遭到瓦剌軍的包抄、襲擊，英宗被俘。這一震驚中原的大事件，史稱『土木堡之變』。」

眾多文武大臣**命喪**戰場，

《明史‧卷十》：
「（1449年）秋七月己丑，瓦剌也先寇大同，參將吳浩戰死，（朱祁鎮）下詔親征……辛酉，次土木，被圍……侍郎丁鉉、王永和，副都御史鄧棨等，皆死……」

五十萬精銳**全軍覆沒**。

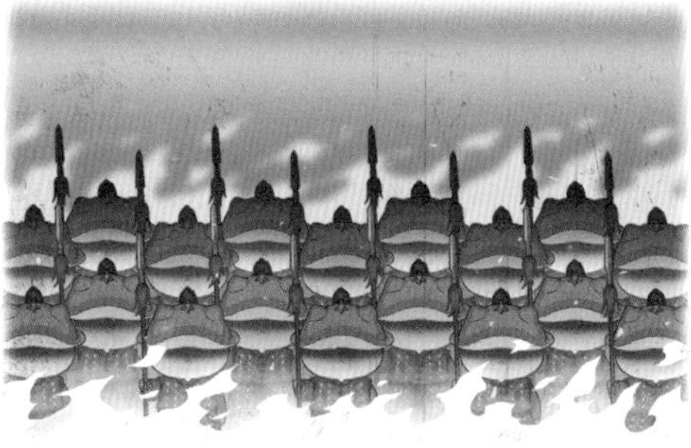

白壽彝《中國通史》：
「（1449）十四日，明英宗（朱祁鎮）至土木，距懷來城二十里，遭到瓦剌也先的四面伏擊，明軍五十萬人，居然不堪敵騎一擊，全軍覆沒。」

而最糟糕的是連皇帝也被**俘虜**了，

南炳文、湯綱《明史》：

「（1449年）明英宗朱祁鎮在王振的鼓惑與挾持下，準備親征……朱祁鎮和王振在退師中不斷遭到瓦剌軍的襲擊，異常驚慌。十三日，狼狽逃到土木堡……朱祁鎮與親兵乘馬突圍，不得出……就這樣作了瓦剌軍的俘虜。」

明朝廷上下

頓時陷入到**一片恐慌**之中。

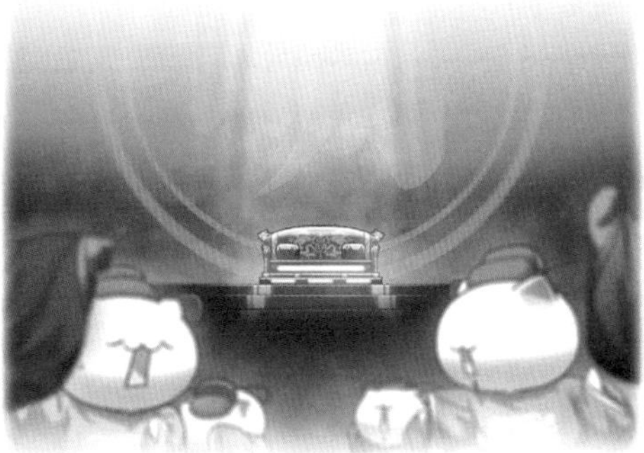

《明史．卷十》：

「（1449年）辛酉，次土木，被圍……帝（朱祁鎮）北狩。甲子，京師聞敗，群臣聚哭於朝……」

許大齡、王天有《明朝十六帝》：

「（1449年）八月十五日土木堡一役，明軍全軍覆沒，英宗被俘。消息一到，皇宮頓時亂作一團……外廷文武百官更聚闕下抱頭痛哭，不知所措。」

幸好在此次危機中，

有一個喵毅然**站**了**出來**，

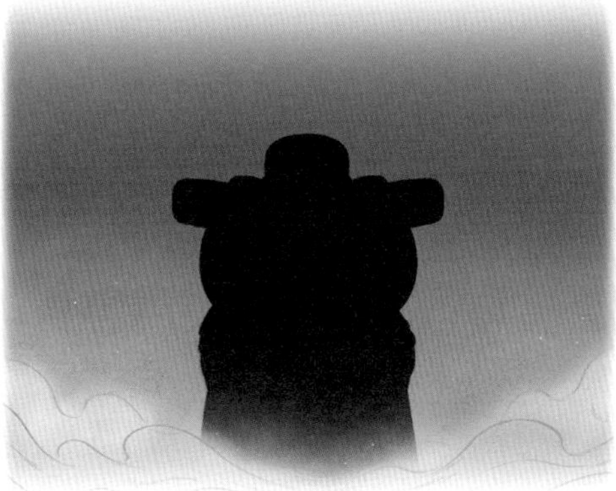

他就是**于謙**喵！

《明史・卷一七〇》：

「于謙，字廷益，錢塘人。生七歲，有僧奇之曰：『他日救時宰相也。』」

南炳文、湯綱《明史》：

「土木之敗，使明朝遇到嚴重的危機，幸虧有正直而強毅幹練的于謙，挺身而出……」

于謙喵**祖上**都是**當官**的，

《先肅湣公行狀》：

「公（于謙）諱謙，字廷益。其先家河南，仕金，為汾州節度使……四世祖諱伯儀，幼遭金亡……仕元，官至朝列大夫……承德公，當國朝洪武初，任兵部主事，改工部。」

外貌**俊朗**，腦子也**聰明**，

《先肅湣公行狀》：

「公（于謙）才貌英偉，聲如洪鐘，每入侍奏對，宣宗皇帝（朱瞻基）為之傾聽。」

白壽彝《中國通史》：

「于謙相貌英偉，善談吐……」

杭州市政協文史和學習委員會、杭州于謙祠《于謙》：
「于謙出生時，他的祖父已告老還家，他的父親已年過三十……故于謙自小就深得父母寵愛。」

從小就深得爸媽的**寵愛**。

然而作為高門子弟的他，

不僅**不**驕橫，還**心繫**天下**百姓**。

《明史．卷一七〇》：
「（于謙）舉永樂十九年（1421年）進士。宣德初，授御史……（1430年）謙至官，輕騎遍歷所部，延訪父老，察時事所宜興革，即俱疏言之。一歲凡數上，小有水旱，輒上聞。」
白壽彝《中國通史》：
「于謙不同於一般高高在上的官僚，他看到民生疾苦，總是千方百計地為民解除痛苦。」

所以在長大進入官場後，

于謙喵便**經常**到民間**考察**，

對各種貪官惡霸更是**絕不手軟**。

《明史·卷一七〇》：
「(于謙)出按江西，雪冤囚數百。疏奏陝西諸處官校為民害，詔遣御史捕之。」

這樣的**好**名聲

自然是得到上下一致的**認可**，

《明史·卷一七〇》：
「(1430年)帝(朱瞻基)知謙可大任，會增設各部右侍郎為直省巡撫，乃手書謙名授吏部，超遷兵部右侍郎，巡撫河南、山西。」
白壽彝《中國通史》：
「于謙任兩省巡撫九年，威惠流行，百姓擁戴之如同父母……」

後來就被**調往京城**擔任要職。

《明史·卷一七〇》：
「(于謙)前後在任十九年，丁內外艱，皆令歸治喪，旋起復。(正統)十三年(1448年)以兵部左侍郎召。」

可惜……在京城他就碰上了一件**大事**，

那就是皇帝出去打仗，

還被**抓走**了。

白壽彝《中國通史》：「正統十四年（1449）七月，王振挾明英宗親征瓦剌……八月中旬，英宗率領的出征隊伍全軍覆滅於土木堡，皇帝也被俘虜。」

一時間朝堂裡不僅沒有皇帝，

連**大臣**都**沒**多少。

軍事科學院《中國軍事通史》：「當土木慘敗的消息傳到京師時，上下一片驚慌……這時明廷所面臨的形勢十分嚴重。首先是政權機構不完善，沒有皇帝，一批大臣也在『土木之變』中陣亡。」

眼看**敵軍**就要**打**過來了，
朝廷上下**慌**成一片。

要不大家一起
逃到南方去吧！

《明史・卷一七〇》：
「明年（1449年）秋，也先大入寇，王振挾帝（朱祁鎮）親征……及駕陷土木，京師大震，眾莫知所為。」
白壽彝《中國通史》：
「土木堡慘敗，明朝皇帝被俘……朝廷內外一片恐慌，『群臣聚哭於朝』，侍講徐珵甚至提出南遷京師的逃跑主張……」

幸好這時于謙喵**穩住**了陣腳，

胡鬧！

並力主**抵抗到底**。

怎麼可以畏懼！
抗爭到底！

蔡美彪《中國通史》：
「明廷無主……翰林侍講徐珵倡言南遷避難。兵部侍郎于謙等人堅決反對，說：『言南遷者可斬也。京師，天下根本，一動則大事去矣！獨不見宋南渡事乎！』」

于謙喵的勇氣很快就讓大家**恢復**了**冷靜**，

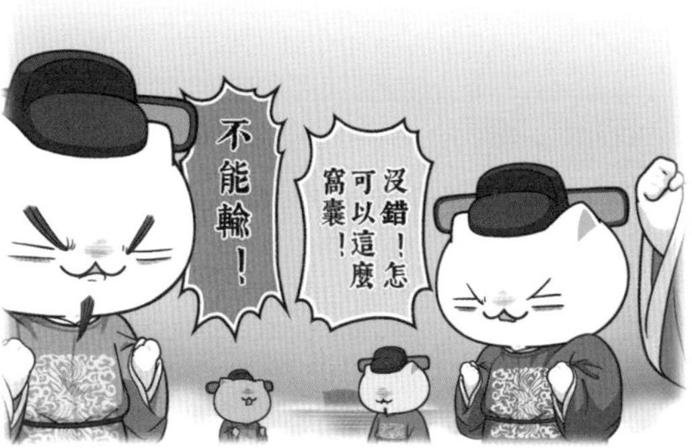
不能輸！
沒錯！怎可以這麼窩囊！

白壽彝《中國通史》：
「（1449年）八月中旬，英宗率領的出征隊伍全軍覆滅於土木堡，皇帝也被俘虜……侍講徐珵首先出來，倡議南逃……這時候，于謙挺身而出，厲聲斥責徐珵，一語喚醒了滿朝文武大臣……」

再加上平日裡他**超強**的工作**能力**和**極高**的**威望**，

白壽彝《中國通史》：
「宣德五年（1430），明廷設立巡撫。宣宗（朱瞻基）親點于謙為兵部右侍郎，巡撫河南、山西二省……（于謙）加築黃河堤岸，允許百姓到巡撫衙門申訴冤枉，並以其精幹才能迅速解決問題。」
杭州市政協文史和學習委員會、杭州于謙祠《于謙》：
「于謙一向剛正不阿，忠貞廉潔，素為同僚敬服。」

於是乎抵抗瓦剌的**重任**便**交到**了他的**身上**。

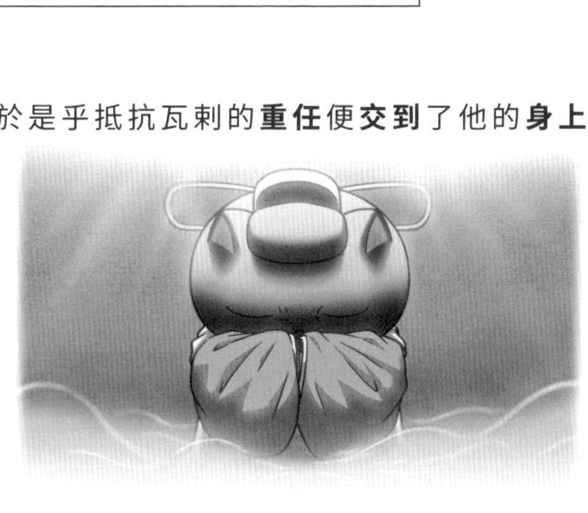

蔡美彪《中國通史》：
「土木堡之戰，明軍倉促出師，進退失據……英宗皇帝被俘更使朝野震動……孫太后與郕王委付于謙備戰、抗禦瓦剌。」

為此，謙喵做了一系列**準備**。

《明史・卷一七〇》：
「（1449年）及駕陷土木，京師大震……時京師勁甲精騎皆陷沒，所餘疲卒不及十萬，人心震恐，上下無固志。」

沒有軍隊，

就緊急從各地**調集援兵**。

《明史・卷一七〇》：
「謙請王檄取兩京、河南備操軍，山東及南京沿海備倭軍，江北及北京諸府運糧軍，亟赴京師……」

糧食**緊缺**，

糧□食

就由政府付運費，

請**喵民**幫政府從糧倉**運糧**到首都。

杭州市政協文史和學習委員會、杭州于謙祠《于謙》：

「（于謙）同日又命移通州糧入京師……同時號召民間有車之家，能運糧二十石納京倉者，官給腳銀一兩。」

大臣**不夠**，

大□臣

《明史紀事本末．卷三十二》：

「（1449年）八日，也先大舉入寇……上（朱祁鎮）與親兵乘馬突圍不得出，被擁以去。英國公張輔，尚書鄺埜、王佐，學士曹鼐、張益而下數百人皆死。」

南炳文、湯綱《明史》：

「『土木之敗』以後……當時，文武官員有的老弱怯懦，不能擔負起抗擊瓦剌的戰守重任。」

就火速提拔有能力的**補上**。

南炳文、湯綱《明史》：
「因此于謙就大力調換整飭，積極識拔和推薦一批有才幹的文武官員充實到中央和地方的各個部門。」
《明史・卷一七〇》：
「（1449年）謙入對，慷慨泣奏曰：『……文臣如軒輗者，宜用為巡撫。武臣如石亨、楊洪、柳溥者，宜用為將帥。至軍旅之事，臣身當之，不效則治臣罪。』」

就連皇帝**沒了**，

《明史紀事本末・卷三十三》：
「英宗正統十四年（1449年）秋八月，上（朱祁鎮）北狩……辛未，太后詔立皇長子見深為皇太子，時年二歲，命郕王輔之。」

都先給你**擁立**了個**新的**……

《明史・卷一七〇》：
「（1449年）初，大臣憂國無主，太子方幼，寇且至，請皇太后立郕王。王驚謝至再。謙揚言曰：『臣等誠憂國家，非為私計。』王乃受命。」

總之，在于謙喵拼命努力下，國家**權力**中樞迅速得以**重建**。

軍事科學院《中國軍事通史》：「『土木之役』後，以于謙為首的抗敵派戰勝遷都派，說服了皇太后，堅定了保衛北京的決心。擁立郕王為帝，任命了各部大臣，建立了政府領導……」

各地**援軍**陸續**來**到京城，

婁曾泉、顏章炮《明朝史話》：「當時，京師的精騎勁旅都在土木堡覆滅……于謙經郕王批准，將兩京、河南的備操軍，山東、南京沿海的備倭軍，江北及北京諸府的運糧軍，全部調進北京。」

糧食也有了**儲備**，

南炳文、湯綱《明史》：「（1449年）當時，國君（朱祁鎮）被俘……于謙從八月十八日受事……各地軍隊陸續來到京師，更加上糧食有了儲備……」

朝廷這才稍微定了**定心**。

南炳文、湯綱《明史》：
「……京師人心漸趨安定。」

而在邊境的**敵軍**又怎樣呢？

他們**飄了**……

《明史・卷一七〇》：
「（1449年）十月敕謙提督各營軍馬。而也先挾上皇破紫荊關直入，窺京師……初，也先深入，視京城可旦夕下……」

畢竟自己可是**全滅**了大明**五十萬**大軍啊！

白壽彝《中國通史》：

「土木堡慘敗，明朝皇帝被俘，五十萬精銳盡失，二十餘萬騾馬、衣甲器械輜重盡為也先所得。從此明軍元氣大傷，也先則更加野心勃勃，冀以一統天下。」

《明史紀事本末．卷三十二》：

「太監喜寧降於也先，盡以中國虛實告之。初，師既敗，上（朱祁鎮）乃下馬盤膝面南坐，惟喜寧隨侍……聞其語大驚，馳見也先，曰：『部下獲一人甚異，得非大明天子乎？』也先乃召使中國二人問是否，二人見，大驚曰：『是也。』」

而且還**到手**一個明朝皇帝，

這樣的籌碼讓他們想**以此**敲詐大明一番，

《明史紀事本末．卷三十二》：

「於是也先以上（朱祁鎮）送伯顏帖木兒營，令護之。時惟校尉袁彬侍，命彬遣前使臣梁貴持手書，示懷來守臣，言被留狀，且索金帛。」

誰知大明那邊直接**另立**了一個**皇帝**。

《明史紀事本末‧卷三十三》：「（1449年）二十九日，太后遣太監金英傳旨：『皇太子幼沖，郕王宜早正大位，以安國家。』……於是文武群臣交章勸進，王再辭讓。眾請遵太后命，允之，遂擇日行禮。」

這可把瓦剌**氣**得**夠嗆**，

馬上帶著大軍來**攻打**大明。

《明史‧卷三二八》：「（1449年）九月，郕王自監國即皇帝位，尊帝（朱祁鎮）為太上皇帝。也先詭稱奉上皇還，由大同、陽和抵紫荊關，攻入之，直前犯京師。」

但你要知道**大明**帝國的**規模**

可是比瓦剌**大**得多的，

軍事科學院《中國軍事通史》：

「土木之變，《否泰錄》說：『虜眾僅二萬』；《鴻猷錄》說：『虜眾實二萬人耳』……」

白鋼《中國政治制度史》：

「土木之變時，隨征的50萬大軍幾乎全軍覆沒，但京營留守北京的兵力尚存，加上各地赴京勤王官軍，京營兵員又達43萬人。」

而且瓦剌內部其實也**不團結**。

呂思勉《白話本國史》：

「所謂瓦剌，就是元初的斡亦剌，如今譯作衛拉特。元朝滅亡……脫歡乃迎立元朝後裔脫脫不花，自為丞相。脫歡死後，子也先嗣……也先既立脫脫不花，後來又相互猜忌……」

再加上此時的大明已經在于謙喵的主持下

建起了堅固的**防線**，

《明史．卷一七〇》：

「（1449年）十月敕謙提督各營軍馬。而也先挾上皇（朱祁鎮）破紫荊關直入，窺京師……（于謙）亟分遣諸將，率師二十二萬，列陣九門外……當（擋）也先。」

軍隊**士氣高昂**，

《明史紀事本末·卷三十三》：「（1449年）十月，也先以送上皇（朱祁鎮）還京為名，與其汗脫脫不花寇紫荊關，京師戒嚴……（于謙）乃率先士卒，躬擐甲冑，出營德勝門，以示必死。泣以忠義諭三軍，人人感奮，勇氣百倍。」

民眾也決定誓死**保衛家園**，

《明史·卷一七〇》：「（1449年）寇（瓦剌）逐至土城。居民升屋，號呼投磚石擊寇，嘩聲動天。」

軍事科學院《中國軍事通史》：「也先在進攻北京的過程中，到處遭到百姓的自發襲擊……北京周圍州縣的民眾，也紛紛組織起來，對四出掠奪的瓦剌軍予以打擊。」

哪是瓦剌軍說攻破就**能**攻破的。

軍事科學院《中國軍事通史》：「也先對北京各門的進攻屢遭失敗，又獲悉明各路援軍即將到達，深怕歸路斷絕……」

所以經過幾天的進攻，
瓦剌軍愣是**沒占**到一點**便宜**，

白壽彝《中國通史》：「（1449年）十月，也先挾英宗率瓦剌大軍再次大舉南犯，兵臨北京城下。于謙面對強敵，毫無所懼，沉著冷靜，指揮若定，有勇有謀，與敵軍激戰五晝夜，終於打敗瓦剌……」

反倒是被明朝軍民**揍個半死**。

蔡美彪《中國通史》：「明軍抗禦瓦剌，屢獲勝利，士氣旺盛……也先得知各地援軍將集，於十五日夜拔營北撤。于謙命石亨等舉火發火炮轟其營，瓦剌軍死者萬餘人。」

在此後的時間裡，
于謙喵又**組織**軍民多次擊退瓦剌的**反擊**。

婁曾泉、顏章炮《明朝史話》：「在于謙的整頓和指揮下，邊防力量大大增強，各邊鎮的將帥也都主張抗戰，也先在景泰元年（1450）的幾次侵擾也都受到嚴厲打擊，陰謀未能得逞。」

猛烈的打擊下，

瓦刺不斷**被削弱**並加劇了內部的**分裂**，

《明史・卷三二八》：「初，也先有輕中國心，及犯京師，見中國兵強，城池固，始大沮……而脫脫不花、阿剌知院復遣使與朝廷和，皆撤所部歸，也先亦決意息兵……也先與脫脫不花內相猜……也先亦疑其通中國，將謀己，遂治兵相攻。」

最終只能**被迫**向大明**求和**。

《明史・卷一七〇》：「（1450年）于時八月，上皇（朱祁鎮）北狩且一年矣。也先見中國無釁，滋欲乞和……」

這就是著名的「**北京保衛戰**」。

南炳文、湯綱《明史》：「于謙和主戰派官員領導和組織的京師保衛戰終於取得了勝利，粉碎了瓦剌軍想奪取北京的野心，明王朝轉危為安。」

然而當于謙喵與全國軍民**渡過**這個**難關**時，

一個喵卻**回來了**。

他就是被俘的皇帝**朱祁鎮喵**。

《明史紀事本末．卷三十三》：

「景帝景泰元年（1450年）春正月，上皇（朱祁鎮）書至，索大臣來迎……庚辰，上皇至唐家嶺，遣使回京，詔諭避位，免群臣迎。丙戌，百官迎上皇於安定門。」

那麼他的回歸會對**局勢**帶來什麼**影響**呢？

（且聽下回分解。）

編者按

土木之變是明朝建國後遇到的第一次大危機。當時精銳盡失、眾多勛貴重臣陣亡，瓦剌大軍又近在咫尺，固守北京是非常危險的。所以事發後，朝中有大臣曾提出南遷，讓很多人都動搖了。這時只有于謙一針見血地點出了南遷的危害：「獨不見宋南渡事乎。」三百多年前，宋朝在金軍的進攻下南遷，從此偏安江南，漸漸走上了末路。一旦明朝南遷，很有可能會重蹈南宋的覆轍。于謙的話敲醒了眾人，才有了後面的北京保衛戰。可以說，正是有了于謙，明朝才能夠轉危為安。然而，這場戰爭的勝利並不足以彌補明朝在土木之變中遭受的重創，而明英宗的歸來，也使剛穩定的政局又再次泛起了漣漪。

于謙——烏龍（飾）

朱祁鎮——饅頭（飾）

參考來源：《明史》、《先肅湣公行狀》、《明史紀事本末》、白壽彝《中國通史》、蔡美彪《中國通史》、呂思勉《白話本國史》、南炳文和湯綱《明史》、婁曾泉和顏章炮《明朝史話》、軍事科學院《中國軍事通史》、許大齡和王天有《明朝十六帝》、杭州市政協文史和學習委員會等《于謙》、白鋼《中國政治制度史》

附錄

【一生儉樸】

于謙非常節儉，
他雖然當了大官，
但住的房子還是破破爛爛的。
皇帝賜給他衣服，他也不穿，
而是收藏起來。

【震懾強盜】

于謙的威名很大。
有一次，他走夜路遇到了強盜，
結果強盜一知道是他，
就嚇跑了。

【火箭升職】

明宣宗在位時就很欣賞于謙，
他曾經將于謙的官職
從七品一下升為三品，
相當於從縣長升到了省長。

百群喵檔案

烏龍小劇場

《種樹》

烏龍！煎餅！我來幫你們種樹！
哎呀！
哈哈哈，我真是笨手笨腳。
小心點嘛……
喂！員警先生！我似乎撞見黑幫在毀屍滅跡！

《最乾淨的地方》

魔鏡請你告訴我，世界上最乾淨的地方在哪裡？
在……瓜子家……
瓜子……
究竟是怎麼做到的？
好乾淨……真的好乾淨……
空

春秋越王勾踐劍
烏龍
巨蟹座
生日：7月11日
身高：180公分
收過最喜歡的禮物：
《小動物大百科》
（烏龍擬人介紹）

烏龍的機器喵
Wulong's Robot

第一百五十七回◉奪門之變

因為**土木之變**的緣故，

傅樂成《中國通史》：
「（1449年）七月十五日，英宗（朱祁鎮）自北京北出居庸關，一路西進至大同，見瓦剌勢大，倉促決定撤軍……明軍大潰，英宗被俘，史稱『土木堡之變』。」

堂堂大明朝一時間竟**沒了皇帝**。

白壽彝《中國通史》：
「土木堡慘敗，明朝皇帝被俘，五十萬精銳盡失……」

所謂國不可一日無君，
大臣們趕緊**擁立**了一位**臨時皇帝**。

《明史紀事本末・卷三十三》：
「正統十四年（1449年）秋八月，上（朱祁鎮）北狩……二十九日，太后遣太監金英傳旨：『皇太子幼沖，郕王宜早正大位，以安國家。』……於是文武群臣交章勸進，王再辭讓。眾請遵太后命，允之……」

他就是景泰帝**朱祁鈺**喵！

景
帝
朱祁鈺

《明史・卷十一》：

「恭仁康定景皇帝，諱祁鈺，宣宗（朱瞻基）次子也。母賢妃吳氏。英宗（朱祁鎮）即位，封郕王。」

祁鈺喵是被俘皇帝祁鎮喵**唯一**的**弟弟**，

朱祁鎮
朱祁鈺
哥
弟

王天有《明朝十六帝》：

「朱祁鎮在宣德十年（1435）正月登位，次月就封朱祁鈺為王。由於只有這一個弟弟，朱祁鎮對他比較疼愛。」

祁鎮喵在出去打仗前，

把國家**交給弟弟**祁鈺喵**暫管**，

小鈺鈺，哥出去打個仗，家裡的事你頂著喲！
呃……
明

《明史紀事本末・卷三十二》：

「（1449年）也先大舉入寇……太監王振勸上（朱祁鎮）親征。命下，二日即行……」

南炳文、湯綱《明史》：

「（1449年）明英宗朱祁鎮在王振的鼓惑與挾持下，準備親征……命太監金英輔佐弟弟郕王朱祁鈺留守京師……」

可這一出去就**被俘虜**了。

《明史・卷三〇四》：「(1449年)秋七月，也先大舉入寇，振挾帝(朱祁鎮)親征……軍士紛回奔走，王戌始次土木。瓦剌兵追至，師大潰。帝蒙塵……」

白新良、王琳、楊效雷《正統帝 景泰帝》：「明朝處於生死存亡的危急關頭……必須立一個政治上成熟的『長君』，不言而喻，指的是郕王(朱祁鈺)。」
《明史・卷十一》：「正統十四年(1449年)秋八月，英宗(朱祁鎮)北狩，皇太后命王(朱祁鈺)監國……九月癸未，王即皇帝位……」

為了抵禦敵軍，
祁鈺喵**成了**新的**皇帝**。

客觀講，祁鈺喵任期內還是**幹得不錯**的。

《明史・卷十一》：「景帝(朱祁鈺)當倥傯之時，奉命居攝，旋正大位以繫人心，事之權而得其正者也。篤任賢能，勵精政治，強寇深入而宗社乂安，再造之績良云偉矣。」

他積極整軍備戰，**防禦外敵**。

白新良、王琳、楊效雷《正統帝景泰帝》：「就景泰皇帝（朱祁鈺）而言，由一般親王而驟登大位，確想勵精圖治……即位之初，朝中氣象為之一新，不獨當務之急的邊防事務受到極端重視……」

發生天災了，給百姓**減免稅賦**。

《明史・卷十一》：「（1450年）五月乙巳，（朱祁鈺）免山西被災稅糧……戊戌，免山東被災州縣稅糧。」

黃河氾濫了，派官員去**治理**。

《明史・卷十一》：「（1453年）夏四月戊子，築沙灣決口。（朱祁鈺）運南京倉粟振（賑）徐州。五月丁巳，發徐、淮倉振（賑）飢民……冬十月庚寅，詔天下鎮守、巡撫官督課農桑。甲午，諭德徐有貞為左僉都御史，治沙灣決河。」

可以說正是因為有祁鈺喵和大臣們的努力，

大明這才**渡過了危機**。

〔美〕牟復禮、〔英〕崔瑞德《劍橋中國明代史》：

「景泰時期，即景帝（朱祁鈺）統治時期（1450—1457年），普遍地被人們判定為恢復了穩定、由幹練的大臣們卓有成效地治理、進行合理的改革以及為北京和北方邊境制定正確的防禦政策的時期。」

然而正當祁鈺喵剛喘一口氣，

一個消息的到來讓他**十分焦慮**。

那就是被俘的皇帝哥哥

祁鎮喵回來了！

王天有《明朝十六帝》：

「自從他（朱祁鈺）在危急中登上皇位以後，就時刻擔憂他哥哥回來會把皇位搶回去。」

《明史紀事本末．卷三十三》：

「景泰元年（1450年）春正月，上皇（朱祁鎮）書至，索大臣來迎……庚辰，上皇至唐家嶺，遣使回京，詔諭避位，免群臣迎。丙戌，百官迎上皇於安定門。」

祁鎮喵雖然做了俘虜，
但在敵軍那邊**過得還可以**。

《明史・卷三二八》：
「（1449年）太監王振挾帝（朱祁鎮）親征……帝蒙塵，中官喜寧從。也先聞車駕至，錯愕未之信，及見，致禮甚恭，奉帝居其弟伯顏帖木兒營，以先所掠校尉袁彬來侍。」

不僅好酒好肉**伺候**著，

《明史・卷三二八》：
「時時殺羊馬置酒為壽，稽首行君臣禮。」

甚至敵軍首領還想把妹妹**嫁給**他。

《明史・卷三二八》：
「（1449年）也先夜常於御幄上，遙見赤光奕奕若龍蟠，大驚異。也先又欲以妹進上皇（朱祁鎮），上皇卻之……」

這麼做，其實是**想**拿他去**勒索**明朝廷一筆，

《明史紀事本末‧卷三十三》：「（1449年）二十三日，也先擁上（朱祁鎮）至大同城下，索金幣，約賂至即歸上。」

可惜去了之後反而**被揍了**一頓……

《明史‧卷三二八》：「（1449年）也先詭稱奉上皇（朱祁鎮）還，由大同、陽和抵紫荊關，攻入之，直前犯京師……也先邀大臣出迎上皇，未果。亨等與戰，數敗之。」

沒辦法，只能把祁鎮喵**送了回去**。

《明史‧卷三二八》：「（1450年）初，也先有輕中國心，及犯京師，見中國兵強，城池固，始大沮……也先語實，兩國利速和，迎使夕至，大駕朝發，但當遣一二大臣來。實歸，善等至，致奉迎上皇（朱祁鎮）意……也先引善見上皇，遂設宴餞上皇行。」

可回國後，
祁鎮喵發現這時的大明**皇帝**
已經**是祁鈺喵**了，

白新良、王琳、楊效雷《正統帝景泰帝》：
「正統皇帝（朱祁鎮）為太上皇帝，景泰皇帝（朱祁鈺）為當今皇上，這一既定事實，天下之人都已經認可。正統皇帝回來後，景泰皇帝只需盡崇敬奉養之禮。正統皇帝不再重登大寶，事天臨民。」

並且祁鈺喵似乎
也**沒有**想把皇位**歸還**的意思。

王天有《明朝十六帝》：
「（1450年）八月十五日，（朱祁鎮）自安定門入城，百官拜迎。朱祁鈺在東安門內迎接自己的兄長……推讓了許久。自然，這一切都是虛禮，英宗（朱祁鎮）即使不推辭，朱祁鈺也不會把皇位還給他。」

從此祁鎮喵被**送入**南宮**居住**，

《明史．卷十一》：
「（1450年）八月癸酉，上皇（朱祁鎮）發瓦剌。戊寅，祀社稷。甲申，遣侍讀商輅迎上皇於居庸關。丙戌，上皇還京師，帝（朱祁鈺）迎于東安門，入居南宮，帝帥（率）百官朝拜。庚寅，赦天下。」

再也**沒**能**邁出**宮門半步。

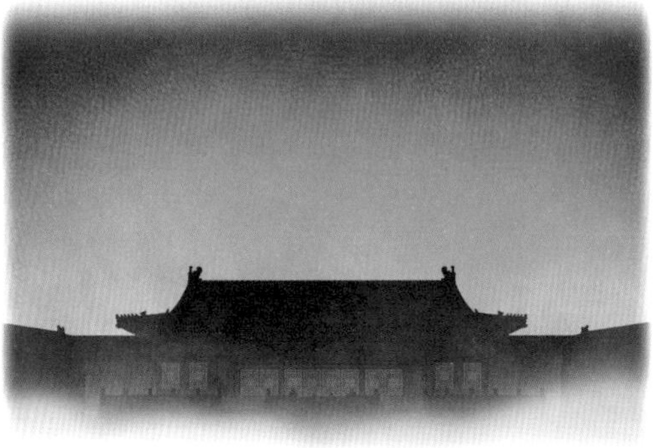

王天有《明朝十六帝》：
「朱祁鈺將英宗（朱祁鎮）送入南宮……此後整整7年，英宗再沒有跨出宮門一步。」

然而祁鎮喵的存在儼然**成為**了祁鈺喵的**心病**，

王天有《明朝十六帝》：
「對於這位異母兄長，朱祁鈺極為冷淡，採取了嚴密的監視和預防措施，不使他有奪權復辟的機會。」

他懼怕自己**皇帝**的位置被哥哥**奪回**去。

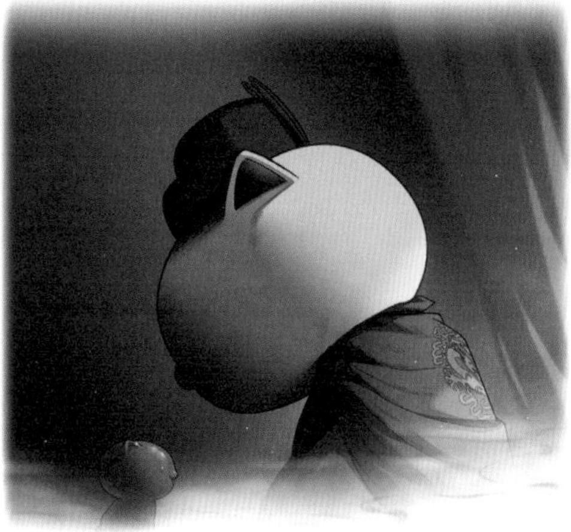

白新良、王琳、楊效雷《正統帝景泰帝》：
「上皇（朱祁鎮）自居南宮以後……景泰皇帝（朱祁鈺）把哥哥看作最危險的敵人，甚至覺得哥哥是一顆定時炸彈，隨時可能炸毀自己的寶座。」

因此他**派兵**日夜**守住**哥哥的住處，

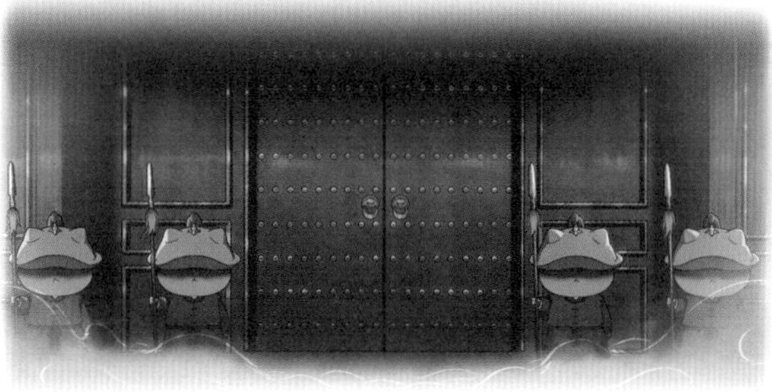

《明史紀事本末·卷三十五》：
「景泰元年（1450年）八月丙戌，上皇（朱祁鎮）至自迤北，入居南宮。群臣朝見而退，大赦天下。冬十月，（朱祁鈺）命靖遠伯王驥守備南宮。」

不准群臣前去**朝見**，

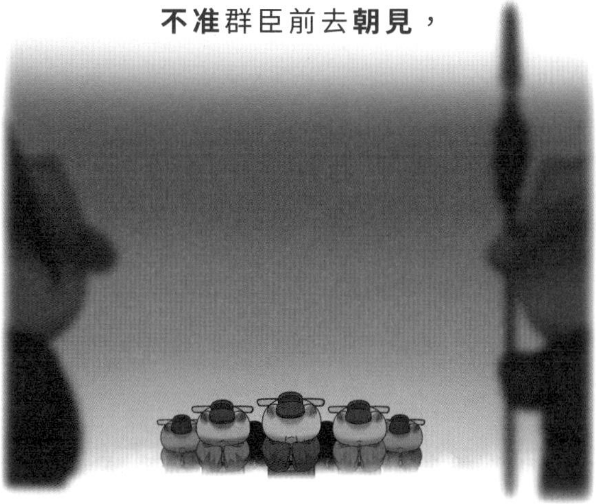

《明史紀事本末·卷三十五》：
「十一月，上皇（朱祁鎮）在南宮。萬壽聖節，禮部尚書胡濙請群臣朝賀，（朱祁鈺）不許。既又請明年正旦百官朝上皇於延安門，亦不許。荊王瞻堈表請朝上皇，有詔止之。」

甚至想盡辦法**廢除**哥哥兒子的**太子**之位。

《明史紀事本末·卷三十五》：
「（1452年）上（朱祁鈺）欲易儲……恐文武大臣不從，乃分賜內閣諸學士金五十兩，銀倍之，陳循、王文等遂以太子為可易。」

他……想**保住**自己的**皇位**，

〔美〕牟復禮、〔英〕崔瑞德《劍橋中國明代史》：

「景帝（朱祁鈺）接受皇位的條件已經含蓄地規定，他的即位是暫時性的……但是景帝不但決心繼續留在寶座上，而且要使自己的一系保持繼承權。」

然而上天卻並**沒有給**他這個**機會**。

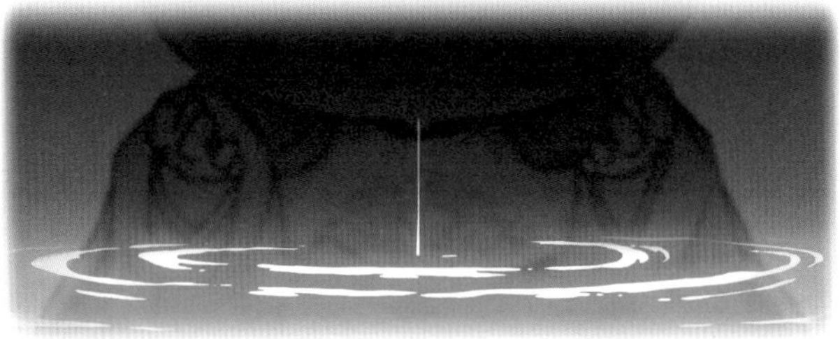

西元1457年，

祁鈺喵**重病不起**。

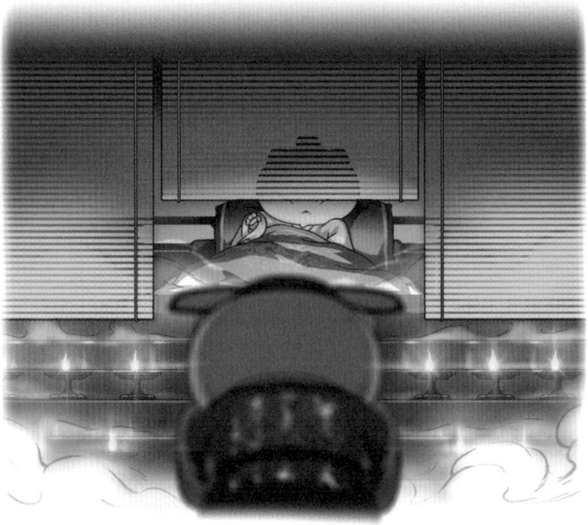

《明史‧卷十一》：

「（1457年）丁丑，帝（朱祁鈺）輿疾宿南郊齋宮。」

張豈之《中國歷史‧元明清卷》：

「景泰八年（1457年）正月，景泰帝病重，不能視朝。」

他的病狀被幾個**奸臣所知**，

《明史・卷一七三》：

「（景泰）八年（1457年），帝（朱祁鈺）將郊，宿齋宮，疾作不能行禮，召亨代。亨受命榻前，見帝病甚，遂與張軏、曹吉祥等謀……」

祁鈺喵的將死之狀使奸臣們**萌生**擁立新主的**歹意**，

而這位**新主**正是被幽禁於南宮的**祁鎮喵**。

《明史紀事本末・卷三十五》：

「（1457年）先是，景帝（朱祁鈺）不豫，以儲位未定，中外憂懼……時武清侯石亨知景帝疾必不起，念請復立東宮，不如請太上皇（朱祁鎮）復位，可得功賞。」

在一個月圓之夜，
奸臣們**帶兵闖入**南宮。

《明史紀事本末．卷三十五》：
「天順元年（1457年）春正月壬午，武清侯石亨、副都御史徐有貞等迎上皇（朱祁鎮）復位……夜四鼓，開長安門，納兵千人……率眾薄南宮，門錮不可啟，扣之不應。俄聞城中隱隱開門聲，有貞命眾取巨木懸之，數十人舉之撞門。」

明英宗朱祁鎮喵在軍士的擁護下
前往皇宮**大殿**，

《明史紀事本末．卷三十五》：
「呼兵士舉輿至，兵士驚懼，不能舉，有貞等助挽之，掖上皇（朱祁鎮）登輿以行……入大內，門者呵止之，上皇曰：『吾太上皇也。』門者不敢禦。眾掖升奉天殿……」

那個他闊別七年的**皇位**
終於**回到**了他手中。

《明史．卷十》：
「（1449年）九月癸未，郕王（朱祁鈺）即位，遙尊帝（朱祁鎮）為太上皇帝。」
《明史．卷十二》：
「天順元年（1457年）春正月壬午，昧爽，武清侯石亨……太監曹吉祥以兵迎帝（朱祁鎮）於南宮，御奉天門，朝百官……御奉天殿即位。」

這就是歷史上的「**奪門之變**」。

傅樂成《中國通史》：
「（景泰）八年（1457）初，景帝（朱祁鈺）染重病，宿南郊齋宮。朝臣石亨、張軏、徐有貞及宦官曹吉祥等謀立上皇（朱祁鎮），以邀功賞。諸人糾眾至南宮城，破門而入，共擁英宗（朱祁鎮）入大內，宣佈復位……史稱這次事件為『奪門之變』。」

而重病纏身的祁鈺喵此時也**無力反抗**，

《明史紀事本末・卷三十五》：
「（1457年）是日，百官入候景帝（朱祁鈺）視朝。既入，見南城，暨殿上呼譟聲，尚不知故……景帝聞鐘鼓聲，大驚，問左右曰：『于謙耶？』既知為上皇（朱祁鎮），連聲曰：『好，好。』」

從此**被幽禁**於西宮，

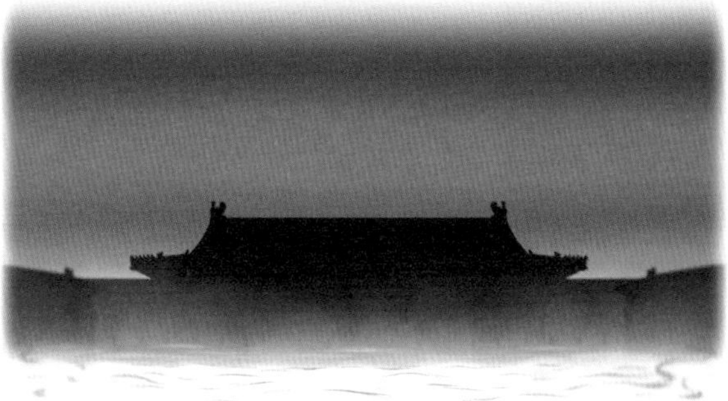

《明史・卷十一》：
「（1457年）壬午，武清侯石亨、副都御史徐有貞等迎上皇（朱祁鎮）復位。二月乙未，廢帝（朱祁鈺）為郕王，遷西內，皇太后吳氏以下悉仍舊號。」

不久便孤獨地**死去**。

《明史．卷十一》：
「癸丑，王薨於西宮，年三十。謚曰戾。毀所營壽陵，以親王禮葬西山……」

奪門之變是明英宗朱祁鎮喵生涯中
第二次登上帝位，

王天有《明朝十六帝》：
「(1457年)正月二十一日，英宗(朱祁鎮)頒布復位詔書於天下，宣布改景泰八年為天順元年。」

重掌朝權的他
開始對曾經擁立祁鈺喵的大臣
進行**大清洗**，

王天有《明朝十六帝》：
「英宗(朱祁鎮)重新成為大明天對參加奪門之變的人心存感激，於是大行封賞……景泰朝大臣橫遭排陷打擊。」
《明史．卷十二》：
「(1457年)丁亥，(朱祁鎮)殺于謙、王文，籍其家。陳循、江淵、俞士悅謫戍，蕭鎡、商輅除名……王辰，榜于謙黨人示天下。」

對原本祁鈺喵時期的**改革**也一一**廢除**。

婁曾泉、顏章炮《明朝史話》：
「英宗（朱祁鎮）復辟後，徐有貞、石亨輩以迎復功高，大受寵任……這樣還不夠，他們又大改于謙創立的一些制度，連團營也被罷廢，恢復原來的三大營。」

大明朝再一次**回到**了奸臣橫行的狀態，

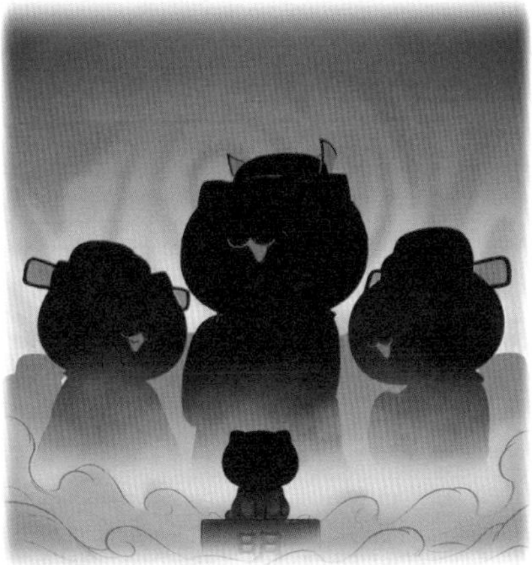

白壽彝《中國通史》：
「明英宗（朱祁鎮）復辟之初，對徐有貞、石亨和曹吉祥恩寵無比，視為心腹，言聽計從。徐、石、曹等人，分據要害，操生殺之大權，處處以『功臣』自居，驕縱恣甚，不可一世。」

他們**迫害賢良**，

《明史．卷一七一》：
「（1457年）景帝（朱祁鈺）明當視朝……俄諸門畢啟，有貞出號於眾曰：『太上皇帝（朱祁鎮）復位矣！』趣入賀。即日命有貞兼學士，入內閣……有貞遂誣少保于謙、大學士王文，殺之。」

互相**爭鬥**，

《明史·卷一七一》：
「有貞既得志，則思自異於曹、石。窺帝（朱祁鎮）於二人不能無厭色，乃稍稍裁之，且微言其貪橫狀，帝亦為之動……亨、吉祥大怨恨，日夜謀構有貞。」

甚至策劃**政變**。

《明史·卷十二》：
「（1461年）秋七月庚子，總督京營太監曹吉祥及昭武伯曹欽反，左都御史寇深、恭順侯吳瑾被殺……」

雖然最終在權力的框架下，
一切都**歸於平穩**，

張豈之《中國歷史·元明清卷》：
「次年（1461年）七月二日，曹吉祥在北京發動政變，被懷寧伯孫鏜等率領準備開赴陝西的軍隊平定……史稱『曹石之變』。英宗又度過了一場驚心動魄的危機，此後直到他去世，最高權力運行才比較平穩。」

但明朝在連續經歷
這麼多次內外動亂後，
國力已極大**削弱**，

翦伯贊《中國史綱要》：
「正統十四年（1449年）七月，也先發動瓦剌軍4路南犯……英宗（朱祁鎮）被俘……史稱『土木之變』。」「（1457年）景泰帝（朱祁鈺）病危，英宗和他的支持者奪取了東華門，重新登上皇帝的寶座……（1461年）曹吉祥在北京發動政變，當天即被平定……在這一系列的動盪後，明朝元氣大傷。」

國家自此蒙上了一層**陰影**。

南炳文、湯綱《明史》：
「從『土木之敗』以後，明朝統治集團內部又接連發生英宗（朱祁鎮）復辟和曹石之變，這說明明朝自進入中期起，國力遭到極大的削弱，它的統治已很不穩定了。」

那麼大明皇朝又將**走向何方**呢？

（且聽下回分解。）

編者按

奪門之變是明朝的第三次皇位爭奪戰。第一次皇位爭奪戰發生在明成祖與侄子朱允炆之間，第二次皇位爭奪戰發生在明宣宗與叔叔朱高煦之間，兩次都是兵戎相見。然而，奪門之變卻十分順利，甚至沒有什麼流血事件。這是因為朱祁鎮曾在位14年，在朝中仍有很高的威望。在臣民心中，他依然是皇家正統。關於這一點，從兩件事上可見一斑。一是朱祁鎮在南宮期間，藩王和大臣曾多次要求朝見；二是朱祁鈺的獨子夭折後，很多大臣第一時間就想立朱祁鎮之子為太子，甚至稱朱祁鈺沒了兒子，證明了朱祁鎮才是「天命」。在這種情緒的左右下，朱祁鎮一行在奪門之變中幾乎沒有遭到任何阻攔，而大臣們也很快接受了現實。

朱祁鎮——饅頭（飾）

朱祁鈺——湯圓（飾）

參考來源：《明史》、《明史紀事本末》、白壽彝《中國通史》、傅樂成《中國通史》、王天有《明朝十六帝》、南炳文和湯綱《明史》、白新良等《正統帝 景泰帝》、婁曾泉和顏章炮《明朝史話》、[美]牟復禮和[英]崔瑞德《劍橋中國明代史》、張豈之《中國歷史・元明清卷》、翦伯贊《中國史綱要》

附錄

【紀念王振】

朱祁鎮復位後，
很懷念以前陪伴自己的宦官王振，
不僅給王振舉辦了葬禮，
還專門建了座寺廟來紀念他。

【賄賂大臣】

朱祁鈺當上皇帝後，
想讓自己的兒子當太子，
為了獲得大臣的支持，
甚至不惜用錢來賄賂大臣。

【天雷護身】

瓦剌首領曾想殺了朱祁鎮，
但還沒動手，
馬竟被雷劈死了。
這讓他覺得朱祁鎮有老天保佑，
於是就放棄了。

百群喵檔案

湯圓小劇場

《網紅》

一天，湯圓路過河邊，不小心把斧頭掉進河裡。
這時河神出來了。
這位小姐姐，請問你掉的是銀斧頭……
還是金……
親愛的朋友們，這裡是著名的河神出沒現場，真的有河神出現呢！
我今天這個妝容特別適合戶外哦！是一種陽光風！
那天，河神登上了熱搜……

《一定要吃》

楊枝甘露！
甜甜圈！
泡芙！
芝士奶蓋！
芝士蛋糕！
我一定要吃！
一定！
一定！
您好，請問要點什麼？
好的……
一……一杯蔬菜汁……

唐葡萄花鳥紋銀香囊

湯圓

水瓶座

生日：2 月 14 日

身高：168 公分

收過最喜歡的禮物：

一張風景照

（湯圓擬人介紹）

湯圓的機器喵

Tangyuan's Robot

第一百五十八回◉憲宗繼業

在**土木之變**、**奪門之變**等多次動亂的打擊下，

明皇朝的統治已經變得**非常不穩定**。

南炳文、湯綱《明史》：
「從『土木之敗』以後，明朝統治集團內部又接連發生英宗（朱祁鎮）復辟和曹石之變，這說明明朝自進入中期起，國力遭到極大的削弱，它的統治已很不穩定了。」

明英宗重新掌權後，

便任用錦衣衛**清洗**大批**有功之臣**。

《明史・卷十二》：
「（1457年）日中，（朱祁鎮）御奉天殿即位。下兵部尚書于謙、大學士王文錦衣衛獄。」
白壽彝《中國通史》：
「英宗（朱祁鎮）復辟的次日，便逮捕少保于謙、王文，學士陳循、蕭鎡、商輅等下獄治罪。」

好不容易建立起來的**邊防**軍事力量
被再次**削弱**，

《明史紀事本末·卷三十六》：
「（1458年）夏四月，（朱祁鎮）復設督鎮巡撫官。初，石亨以文官提督軍務，武臣不得逞，請罷之，邊徼騷然，軍無紀律。」

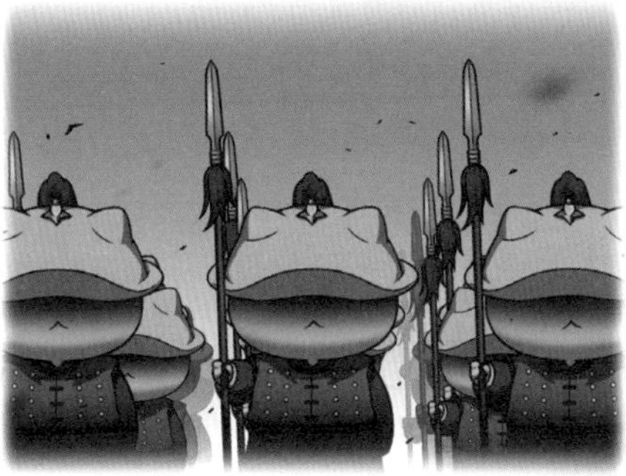

以至於**外敵**力量捲土重來。

南炳文、湯綱《明史》：
「建州女真的南徙，在英宗（朱祁鎮）正統時已穩定下來……本部經濟加快發展，軍事勢力也不斷壯大。」
白壽彝《中國通史》：
「土木之變後不久，蒙古瓦剌部內部發生矛盾……瓦剌部勢力逐漸衰落。韃靼部卻從此強盛起來。」

再加上**天災**頻發，
百姓於災難年間更加**難**以**繳稅**，

《明史·卷二十八》：
「天順元年（1457年）夏，淮安、徐州、懷慶、衛輝俱大水，河決。三年（1459年）六月，谷城、景陵襄水湧泛傷稼。」
翦伯贊《中國史綱要》：
「（明朝）部分地主『大戶』，例不納糧，糧無贈耗（即附加稅），又都有免役的特權……農民仍過著貧困的生活，一般的年景尚且不能自給，遇到災荒就不免於流亡。」

於是**土地**被皇室貴族、官僚地主大量**兼併**。

軍事科學院《中國軍事通史》：「早在英宗（朱祁鎮）正統時，大地主階級就憑藉他們的政治勢力和經濟實力，大量兼併土地，造成了土地高度集中的現象。」

失去土地，卻仍要繳稅的**百姓**紛紛逃亡**成為流民**。

蔡美彪《中國通史》：「隨著土地兼併的發展和賦稅的繁重，無地少食的農民被迫逃流外鄉，尋求生路，被稱為『流民』或『逃戶』。英宗（朱祁鎮）時，流民已成為日益嚴重的社會問題。」

在這樣的情況下，
社會開始動亂，爆發了或大或小的**農民起義**。

婁曾泉、顏章炮《明朝史話》：「從正統朝開始，政治方面更日趨腐敗……封建的經濟剝削和政治壓迫，迫使農民進行反抗鬥爭。」

這簡直……就是個**爛攤子**……

而**接下**這個爛攤子的是

一個年僅十八歲的**皇帝**，

白新良、王琳、楊效雷《正統帝 景泰帝》：
「正統皇帝（朱祁鎮）在位期間，敗政甚多。他死之後，將這付（副）爛攤子甩給了他的兒子成化皇帝。當時成化皇帝不過18歲……」

他就是大明第八任皇帝——

明憲宗**朱見深**喵。

方志遠《成化皇帝大傳》：
「朱見深於天順八年（1464年）正月二十二日即皇帝位，成為大明皇朝第八位君主。」
《明史．卷十三》：
「憲宗繼天凝道誠明仁敬崇文肅武宏德聖孝純皇帝，諱見深，英宗（朱祁鎮）長子也。」

見深喵當皇帝的經歷還滿**坎坷**的，

坎坷

兩歲時，他的皇帝**爹**就**被**敵軍**俘虜**了。

爸爸去北方出差一段時間，那邊也太好客了，非留我住一陣子……
哈哈哈哈……

《明史紀事本末·卷三十三》：「正統十四年（1449年）秋八月，上（朱祁鎮）北狩……辛未，太后詔立皇長子見深為皇太子，時年二歲……」

雖然當了**太子**，

太子

《明史·卷十》：「（1449年）帝（朱祁鎮）北狩……己巳，皇太后命立皇子見深為皇太子。」

但他叔上位後卻把他給**踹了**，

《明史紀事本末・卷三十五》：「（景泰）三年（1452年）五月甲戌，（朱祁鈺）廢上皇（朱祁鎮）長子皇太子見深為沂王，出就沂邸。」

好在他**爹**歸國後**搶回**了**皇位**，

《明史・卷十二》：「天順元年（1457年）春正月壬午，昧爽，武清侯石亨……太監曹吉祥以兵迎帝（朱祁鎮）於南宮，御奉天門，朝百官……御奉天殿即位。」

這才磕磕絆絆地**繼承**皇位，

成了新一任**皇帝**。

張岂之《中國歷史・元明清卷》：「明英宗（朱祁鎮）死後，其子朱見深即位，是為明憲宗。」

不過見深喵接手的國家可真是**亂得很**……

王天有《明朝十六帝》：
「英宗（朱祁鎮）時期是明朝歷史上一個重要的轉折階段……政治日趨混亂和黑暗，統治階級糜財無度，宦官專權，土地兼併加劇，社會矛盾激化，內憂外患，層出不窮……朱見深正是在這種歷史條件下登上皇帝寶座的。」

朝堂裡不僅有**宦官**專權**禍害百姓**，

《明史・卷三〇四》：
「英宗（朱祁鎮）始任王振，繼任吉祥，凡兩致禍亂。其他宦者若跛兒干、亦失哈、喜寧、韋力轉、牛玉之屬，率凶狡。」

還有**錦衣衛**濫用權力，
隨意**製造冤案**。

傅樂成《中國通史》：

「錦衣衛又稱詔獄，設於太祖（朱元璋）時，當時的大獄，多由其承辦，殺人甚多。」

《明史・卷一七六》：

「（1457年）英宗（朱祁鎮）復位……門達方用事，錦衣官校恣橫為劇患。」

可以說到了——
必須刷新朝政，好好**改變現狀**的時刻了。

方志遠《成化皇帝大傳》：

「故君去世，頒佈遺詔；新君登極，頒詔大赦天下。這既是明朝的定制，也是中國歷代皇朝調整各種關係、革除弊政、緩和矛盾的契機。」

於是在**政治**上，
見深喵重新任**用**了一批**良臣**，

且對之前的一些**政策**進行**糾正**。

蔡美彪《中國通史》：
「憲宗（朱見深）初即位，倚用李賢等閣臣，為『奪門』之變重訂是非，換來了朝臣的支持和政局的穩定。」
王天有《明朝十六帝》：
「他（朱見深）即位之初，似乎要刷新朝政，在政治上有所作為，由李賢主筆的大赦詔令……幾乎涉及到內政外交各個方面以及官吏軍民各類人等……」

面對宦官專權，

他就將那些在外握有**兵權**的全部**罷免**。

王天有《明朝十六帝》：
「……對英宗（朱祁鎮）時期的宦官亂政也有所裁抑，悉罷浙江、江西、福建、陝西、臨清鎮守內官，諸邊鎮守內官正統年間所無者也都罷免。」

那些在宮中與**大臣**有**交往**的，

《明史・卷一六八》：
「（1464年）英宗大漸，東宮內侍王綸私詣溥計事……欲逐賢以溥代之，而以兵部侍郎韓雍代尚書馬昂……憲宗初立，綸自謂當得司禮，氣張甚。」

則全部**處死**。

白壽彝《中國通史》：
「憲宗（朱見深）剛即位，就發生了都指揮使門達結納東宮內侍王綸，密謀由翰林侍讀學士錢溥取代李賢輔政之事……憲宗大怒，結果王綸被斬……」

而錦衣衛問題也處理地很**果斷**，

登基當天就**禁止**了亂抓亂捕行為，

白新良、王琳、楊效雷《正統帝 景泰帝》：「天順朝，錦衣校尉偵緝之風日熾，天下臣民惶惶不可終日。成化皇帝（朱見深）知其擅威福以害民，在即位的當天，就詔令『下番使者及緝事官校皆召還』。」

對作威作福的罪魁禍首，

更是抓起、流放**一條龍**服務。

《明史・卷三〇七》：「門達，豐潤人。襲父職為錦衣衛百戶……達治其事，皆下獄謫官。達以囚多，獄舍少，不能容，請城西武邑庫隙地增置之，報可……後當審錄，（朱見深）命貸達，發廣西南丹衛充軍，死。」

在見深喵的一系列操作下，
宦官、錦衣衛勢力
這才**得到**了一定程度的**抑制**。

白新良、王琳、楊效雷《正統帝景泰帝》：
「成化皇帝（朱見深）即位之初……對日益膨脹的宦官勢力起到了某種程度的抑制作用……使天順朝肆橫無忌的錦衣衛，在成化初年時勢焰有所收斂。」

然而朝堂問題解決了，
但整個**國家**的**問題**還很**大**。

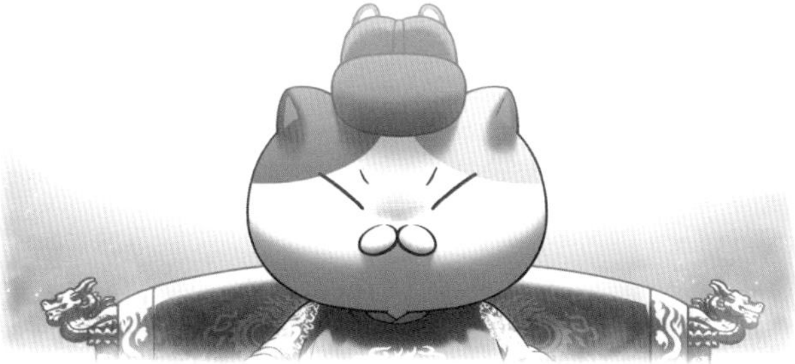

例如**荊**ㄐㄧㄥ**襄**ㄒㄧㄤ地區就有
因失去土地而流亡到那兒的一百五十多萬**流民**。

南炳文、湯綱《明史》：
「流民聚集得最多的是荊襄地區……成化年間，聚集到這裡的流民已達一百五十萬人以上。」

他們一旦無法生存，
就會引發**農民起義**。

婁曾泉、顏章炮《明朝史話》：
「明朝中葉，隨著土地兼併的加劇和賦役的加重，被剝奪了土地而生活瀕於絕境的農民，被迫流離顛沛……荊襄山區是當時最大的一個流民聚集區，破產的農民如潮水般地從四面八方湧進，流民驟增至一百五十多萬……終於爆發了劉通、石龍等人領導的荊襄流民大起義。」

面對這類問題，
明朝廷以往都是以**鎮壓為主**，

《明史．卷一七二》：
「成化元年（1465年），荊、襄賊劉千斤等作亂……而以圭提督軍務，發京軍及諸道兵會討。」

但這……並**無法**從本質上**解決**問題。

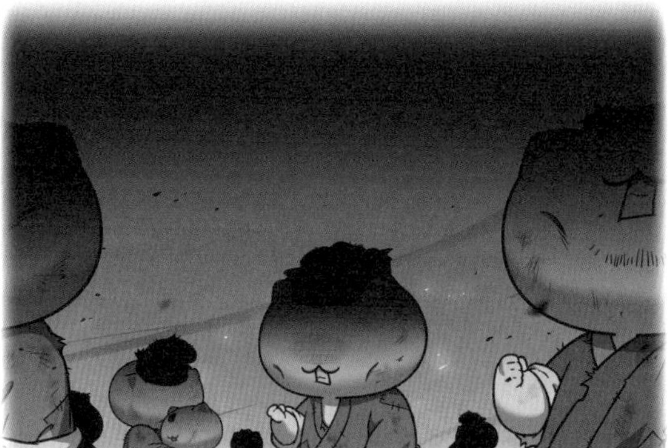

白壽彝《中國通史》：
「成化元年（1465），河南西華人劉通（又名劉千斤）、石龍（又名石和尚）在湖廣房縣領導流民起義……劉通、石龍所領導的流民起義失敗後，流民仍源源不斷地進入荊襄山區。」

最終在證明鎮壓起不到作用後，
見深喵**採取**了行政和經濟的**手段**。

行政
經濟

《明史紀事本末・卷三十八》：
「（1476年）秋七月，北城兵馬吏目文會疏言：『……曰荊、襄土地肥饒，皆可耕種，遠年入籍流民，可給還田土……選良有司為之撫綏，軍衛官為之守禦……加設府、衛、州、縣，立為保甲……』上（朱見深）大是之……」

首先是對荊襄地區的**流民**進行**統計**，

1500000

方志遠《成化皇帝大傳》：
「（1476年）見深根據李賓的提議，命都察院左副都御史原傑前去荊襄，對流民進行疏導……對所有在荊襄地區的流民進行造冊登記。」

如果在朝廷的**勸說**下，
流民願意回去就**回去**，

這樣……
好吧……
你在這兒喵生地不熟，又不好混，乾脆回老家找機會吧！

《明史・卷一五九》：
「荊、襄流民數十萬，朝廷以為憂……（成化）十二年（1476年），（朱見深）遂命傑出撫。遍歷山溪，宣朝廷德意，諸流民欣然願附籍。」

不願回去的就直接**留在當地**生活，

這是你們一家三口的身分證。

《明史紀事本末・卷三十八》：「（1476年）時都御史原傑遍置諸郡縣，深山窮谷，無不親至……籍流民得十一萬三千餘戶，遣歸故土者一萬六千餘戶。其願留者九萬六千餘戶，許各自占曠土，官為計丁力限給之……」

只要按時**交稅服役**即可。

《明史紀事本末・卷三十八》：「……令開墾為永業，以供賦役，置郡縣統之。」

好耶！
之後記得交稅，祝生活愉快！

為了更好管理，
見深喵還在當地**設置**行政**機關**。

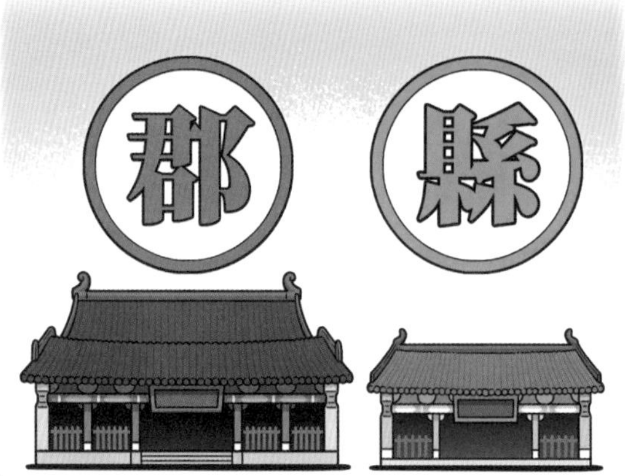
郡
縣

《明史・卷七十七》：「成化初，荊、襄寇亂，流民百萬……憲宗（朱見深）命原傑出撫，招流民十二萬戶，給閒田，置鄖陽府，立上津等縣統治之。」

這樣一來，
一直困擾朝廷的荊襄流民問題
得到合理**解決**，

[美]牟復禮、[英]崔瑞德《劍橋中國明代史》：
「(朱見深) 在1476年後期另外成立一個新的鄖陽府……幾個世紀以來，就這樣第一次給這個區域迅速帶來了一項保證社會秩序的實質性的穩定措施。」

方志遠《成化皇帝大傳》：
「經過原傑等人的籌劃安排，一直困擾朝廷的荊襄流民問題，竟然兵不血刃地得到解決……而且，根據原傑所定的稅則，政府每年可從這一地區增收一萬四千四百多石稅糧。」

甚至之後每年為國家**增加**了很多**稅收**。

除此之外，
見深喵在邊防**軍事**上也獲得了一些**成就**，

例如紅鹽池之戰，
收復河套地區；

白壽彝《中國通史》：
「自天順（1457—1464）以來，韃靼人進入黃河以南、寧夏至偏頭關之間的河套地區……」
《明史．卷三二七》：
「（1473年）滿都魯等與孛羅忽並寇韋州。王越偵知敵盡行，其老弱巢紅鹽池，乃與許寧及遊擊周玉率輕騎晝夜疾馳至，分薄其營，前後夾擊，大破之……自是不復居河套……」

威寧海之戰，
直搗蒙古**汗庭**（廷）；

李曉鵬《從黃河文明到「一帶一路」》：
「成化十六年（1480年），蒙古騎兵又開始來騷擾了……蒙古（韃靼部）就擁立了新的大汗，17歲的巴克蒙圖……」
「（1480年）王越和汪直從宣府和大同抽調最精銳的兩萬部隊，從大同奔赴威寧海子方向……徹底摧毀了蒙古王庭（廷）……巴克蒙圖逃脫……」

面對**入侵**的建州**女真族**，

南炳文、湯綱《明史》：
「明代女真分為建州女真、海西女真和東海女真……」「建州女真先後設置了建州衛、建州左衛和建州右衛，合稱為『建州三衛』。」
《明憲宗實錄．卷四十》：
「（1466年）建州海西女真入連山關、通遠堡、開原、撫順搶掠。」

也是打了**勝仗**。

南炳文、湯綱《明史》：

「建州三衛於明英宗（朱祁鎮）正統時在蘇子河一帶定居下來……侵犯遼東地區進行搶掠。明憲宗成化三年（1467年）四月，明廷借朝貢為名誘騙董山到北京，在他返回途中拘留殺害。同年九月，明朝派李秉、趙輔統率五萬軍隊進攻建州……建州三衛部落殘破……」

可以說見深喵在繼位初做的一系列努力，

一定程度上**解決**了上一代留下的**問題**，

白新良、王琳、楊效雷《正統帝景泰帝》：

「正統皇帝（朱祁鎮）在位期間，敗政甚多……成化皇帝（朱見深）對其父敗政多加糾正……」

使明朝**國力**得到了**恢復**，

《明憲宗實錄·卷二九三》：
「上（朱見深）以守成之君，值重熙之運，垂衣拱手，不動聲色，而天下大治。」

也創造了一個內外**相對穩定**的環境。

《明史·卷十四》：
「（朱見深）恢恢有人君之度矣。時際休明，朝多耆彥，帝能篤於任人，謹於天戒，蠲賦省刑，閭里日益充足，仁、宣之治於斯復見。」

然而前期努力的見深喵
在他政治生涯的**後期**同樣留下了一些**問題**，

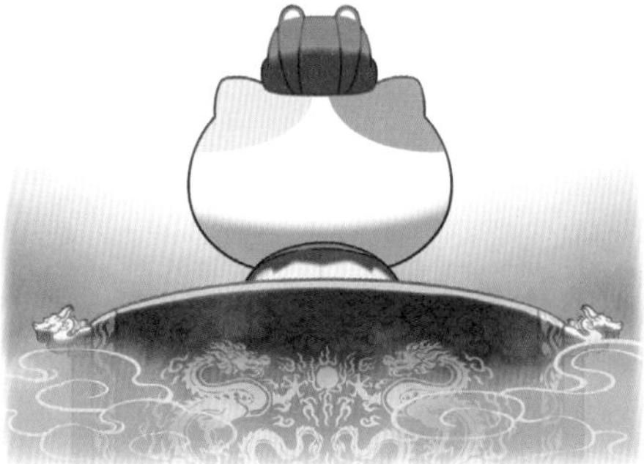

王天有《明朝十六帝》：
「英宗（朱祁鎮）身後卻給憲宗（朱見深）留下了一批賢臣良輔……但是這種新氣象並沒有繼續多久，英宗時期的種種弊政並沒有得到改變。」

例如宦官專權問題**死灰復燃**，

《明史紀事本末‧卷三十七》：
「成化十三年（1477年）春正月，（朱見深）置西廠，命太監汪直詗刺外事。」
黎東方《黎東方講史‧細說明朝》：
「憲宗（朱見深）在成化十三年（1477年）正月創立『西廠』，命汪直為提督……汪直有了這個機關在手，如虎添翼，胡作非為。」

土地兼併**依然嚴重**等等。

白壽彝《中國通史》：
「莊田，本是封建朝廷自己建立起來的。由於它的不斷擴充，嚴重擾亂社會經濟秩序，損害百姓利益，侵吞國家田租……天順八年（1464）正月，明英宗（朱祁鎮）逝世，皇太子朱見深即皇帝位……明代皇莊之名，由此開始。其後莊田滿天下，皇莊遍畿內。」

那麼之後的大明皇帝又將**如何管理**這個國家呢？

（且聽下回分解。）

編者按

在明代的眾多帝王中，明憲宗朱見深是比較默默無聞的。他的父親，是讓明朝由盛轉衰的明英宗朱祁鎮；他的兒子，是開創了「弘治中興」的明孝宗朱祐樘。關於朱見深本人，更多人知道的可能是他有一位萬貴妃，以及他所設立的西廠。但通過研究史料，我們會發現他是一個值得「深挖」的皇帝。他幼年坎坷，在國勢危急時被推上太子之位，雖然被叔叔朱祁鈺趕下台，但卻沒有記恨，而是在即位後為叔叔平了反。他重用過宦官，導致宦官專權，但在需要時又可以對宦官毫不手軟；對外族的勝利，更是讓他一洗父親朱祁鎮兵敗被俘的恥辱。可見朱見深無論在性格還是能力上，都有值得稱道的地方。

朱祁鎮——饅頭（飾）

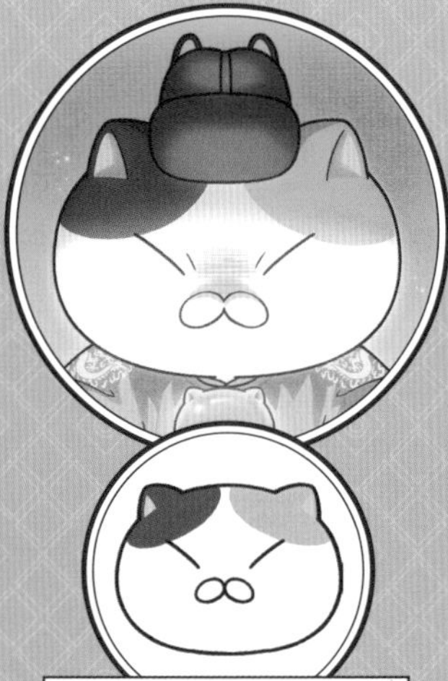

朱見深——花卷（飾）

參考來源：《明史》、《明憲宗實錄》、《明史紀事本末》、白壽彜《中國通史》、蔡美彪《中國通史》、傅樂成《中國通史》、翦伯贊《中國史綱要》、南炳文和湯綱《明史》、王天有《明朝十六帝》、方志遠《成化皇帝大傳》、軍事科學院《中國軍事通史》、[美]牟復禮和[英]崔瑞德《劍橋中國明代史》、婁曾泉和顏章炮《明朝史話》、白新良等《正統帝 景泰帝》、張豈之《中國歷史·元明清卷》、李曉鵬《從黃河文明到「一帶一路」》、黎東方《黎東方講史·細說明朝》

附錄

【追封景帝】

朱見深曾被叔叔朱祁鈺廢去太子之位，
但他並不記仇。
他即位後，
為叔叔追封了帝號——景帝。

【感情淡薄】

朱見深他爹被俘虜時，
他只有2歲，
直到多年後父子才重聚。
所以他爹對他沒什麼感情，
還猶豫過要不要傳皇位給他。

【奶奶助攻】

朱見深是庶長子，
本來沒資格當太子。
但他爹還沒嫡子就被俘虜了，
他奶奶擔心皇位被搶走，
才讓他當了太子。

群喵檔案

花卷小劇場

《高級設備》

看來是迷路了……
瓜子不用怕！我上周投資的一家科技公司，研發了這個高精密通信設備。
真不愧是科技公司的少東家……
看來是通過衛星通信把我們的位置傳輸過去……
這不就是擴音器嗎？你是不是被騙了！
救命啊！我們迷路了！

《若有所思》

花卷獨自一個站在那兒，已經很久了。
看來……即便是富家子弟，也有煩惱的一面吧……
花卷，其實你有啥煩惱可以告訴我。
呃……
嗯，我爸叫我看看哪裡的房子好……
買下來投資……

唐彩鳳鳴岐七弦琴

花卷

獅子座

生日：8 月 15 日

身高：179 公分

收過最喜歡的禮物：

什麼都行

（花卷擬人介紹）

花卷的機器喵

Huajuan's Robot

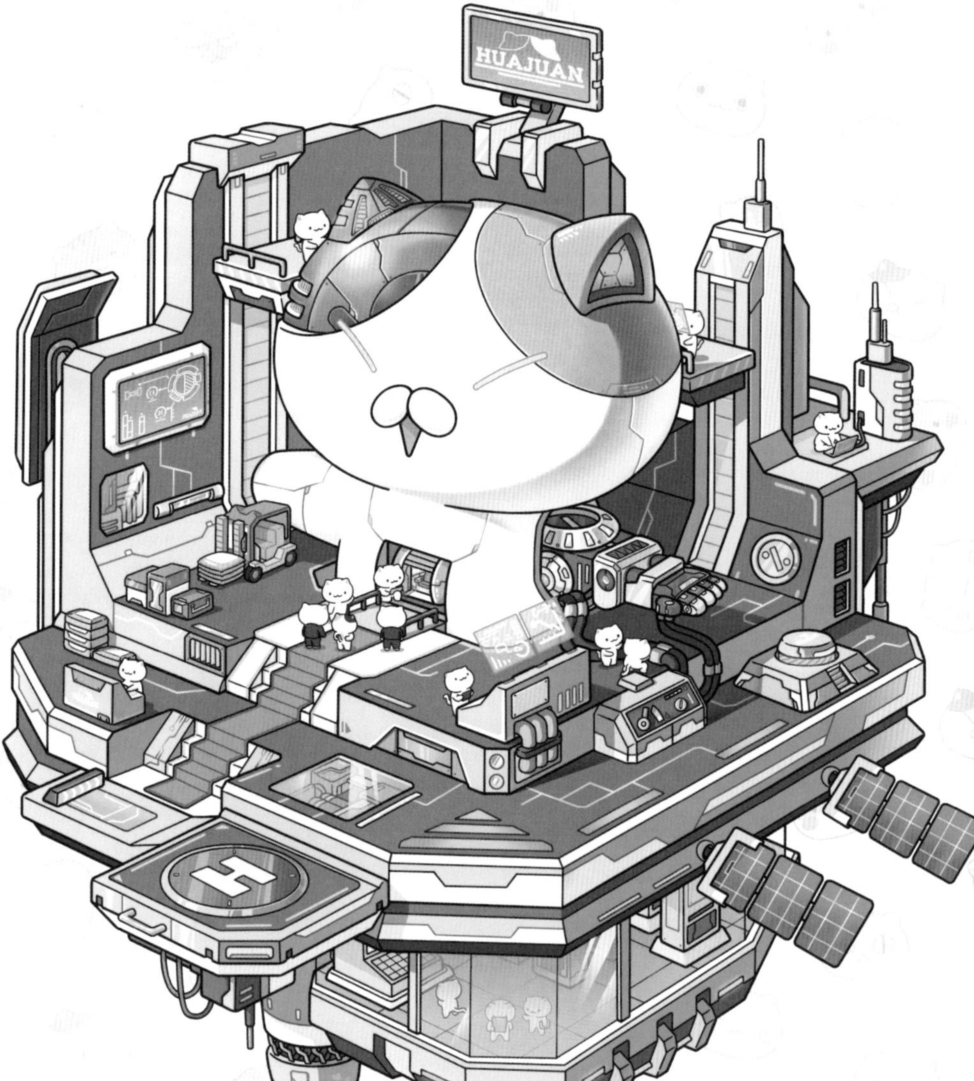

第一百五十九回 ◉ 武宗馭國

從明英宗開始，
明皇朝的發展便開始走**下坡路**。

白壽彝《中國通史》：
「明英宗（朱祁鎮）前後在位二十二年，兩次登臨大位。他在位之日明帝國正從繁榮走向衰落，成為明朝歷史上由強而弱的轉折點。」

雖然在**明憲宗**和**明孝宗**兩代皇帝繼任後，
對之前的一些**弊政**做了**調整**，

白新良、王琳、楊效雷《正統帝 景泰帝》：
「正統皇帝（朱祁鎮）在位期間，敗政甚多……成化皇帝（朱見深）對其父敗政多加糾正……」

婁曾泉、顏章炮《明朝史話》：
「祐樘即明史上的孝宗，年號弘治。他在位期間，任用賢臣，勤於治理，裁抑宦官，削弱了英宗（朱祁鎮）、憲宗（朱見深）時期太監專權亂政的現象……」

但改革並**不徹底**。

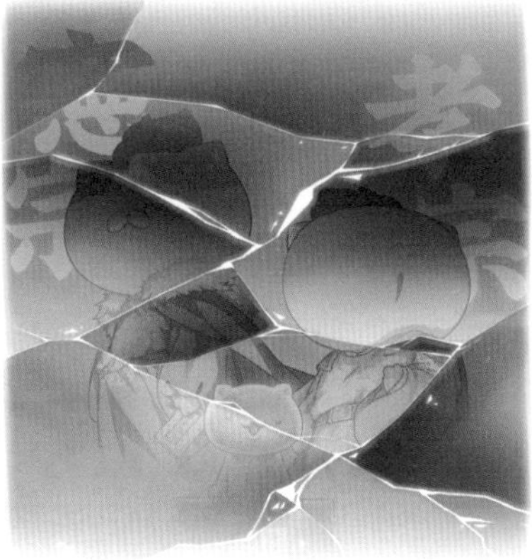

王天有《明朝十六帝》：

「英宗（朱祁鎮）身後卻給憲宗（朱見深）留下了一批賢臣良輔……但是這種新氣象並沒有繼續多久，英宗時期的種種弊政並沒有得到改變……孝宗所推行的改革措施，其目的無非是為了維護王朝的長治久安，根本無法解決當時社會的基本矛盾。」

且因其**封建**帝王本身的**局限**，
各自後期都留下了很多**問題**。

王天有《明朝十六帝》：

「他（朱見深）即位之初，似乎要刷新朝政……但這種形勢並沒有繼續多久……不僅宦官之禍勝於正統、天順時，而且由於憲宗崇佛佞道，佞倖（幸）滿朝，更使朝政呈腐敗之徵。」

蔡美彪《中國通史》：

「孝宗在位數年，即逐漸倦政，崇信道術。表面的太平掩蓋著重重的矛盾，朝廷的種種積弊也在發展。」

在這樣的情況下，
大明迎來了**新一任**的皇帝，

他就是明武宗**朱厚照**喵。

《明武宗實錄．卷一》：

「武宗承天達道英肅睿哲昭德顯功宏文思孝毅皇帝，諱厚照……」

厚照喵天生**聰慧**，

《明史．卷十六》：

「武宗承天達道英肅睿哲昭德顯功弘文思孝毅皇帝，諱厚照……性聰穎……」

《明武宗實錄．卷一》：

「上（朱厚照）睟質如玉，神采煥發，自少舉止異常……出閣讀書，諸儒臣更番入侍，早午坐講筵輒移時，容儀莊重，未嘗少肆。講官退必張拱致恭，若相揖之狀。次日掩卷誦所授書，甚習。」

但他的聰慧……卻**沒有**放在治國上，

王天有《明朝十六帝》：

「他（朱厚照）從小聰明伶俐，受到孝宗鍾愛，指望他能承繼祖宗大業，保持朱氏的萬里江山……誰曾料想，孝宗的這番期望完全成了泡影。」

反倒是每天想著**嬉戲**和**自由**。

王天有《明朝十六帝》：

「作為少年天子，武宗（朱厚照）受不了各種清規戒律、封建禮儀的管束，終於還原了專事享樂、懶於朝政的本性。」

白壽彝《中國通史》：

「武宗喜兵，卻沒有更多的機會指揮作戰，軍事操練於是成為他遊戲的一部分……他不把皇帝的尊貴放在眼裡，熱切追求宮廷之外的生活……」

在當時，**輔佐**皇帝工作的機構有**兩個**，

一個是由**文臣**組成的**內閣**，

翦伯贊《中國史綱要》：

「仁宣時期文臣獨重，文官政治的格局完全形成，特別是內閣地位明顯上升，他們通過票擬參與議政。」「內閣的成員由皇帝親自從翰林院官僚中選拔，入直文淵閣，參預機密，協助皇帝辦理政事。」

另一個是由**宦官**組成的**司禮監**。

張顯清、林金樹《明代政治史》：

「內閣並非唯一協助皇帝行使最高決策權的機構；與之並行的還有由宦官組成的司禮監……內閣發揮作用的方式是票擬，即對上呈給皇帝的章奏提出初步的處理意見以供皇帝參考……司禮監發揮作用的方式是代皇帝批紅，即代替皇帝書寫對於章奏的批示。」

總的來說，

文臣派會要求皇帝**守規矩**、**勤工作**，

王天有《明朝十六帝》：

「武宗（朱厚照）尚在東宮時，就有包括劉健、李東陽、謝遷等內閣重臣在內的大批官員為其講誦、伴讀，向他灌輸傳統的儒家思想，希望他回到規範的帝王道路上來，成為一個勤政有道的明君。」

而作為侍奉左右的**宦官**則會帶著皇帝各種**玩**。

孟森《明史講義》：

「（朱厚照）既即位，即有東宮舊豎劉瑾與馬永成、谷大用、魏彬、張永、邱聚、高鳳、羅祥等八人俱用事，謂之八黨，亦謂之八虎，日導帝遊戲。」

兩相**對比**之下，

厚照喵自然更**偏向**宦官一些。

《明史．卷三〇四》：

「劉瑾，興平人。本談氏子，依中官劉姓者以進，冒其姓……得侍武宗（朱厚照）東宮。武宗即位，掌鐘鼓司……日進鷹犬、歌舞、角觝之戲，導帝微行。帝大歡樂之，漸信用瑾……」

雖然這看上去是皇帝**更信任**誰的問題，

但本質上卻是兩派對**權力**的爭奪。

張顯清、林金樹《明代政治史》：

「劉瑾等宦官引導武宗（朱厚照）遊樂，多有非法之為，朝臣故爾起而攻之，而劉瑾則把持朝政，摧抑朝臣。」「朝臣與宦官的鬥爭，圍繞的是權力。從朝臣來講，是反對宦官干預政事，保持朝臣原有的權益。」

看宦官派**受寵**，

文臣派於是集體**逼迫**厚照喵**懲處**宦官。

《明史紀事本末．卷四十三》：

「瑾，陝西興平人。故姓談，景泰中自宮，為劉太監名下，因其姓……瑾朝夕與其黨八人者，為狗馬鷹犬、歌舞角觝以娛帝（朱厚照），帝狎焉……大學士劉健、謝遷、李東陽聞帝與八人戲亡度，連疏請誅……」

可惜……他們**沒成功**……

《明史．卷三〇四》：

「（1506年）外廷知八人誘帝（朱厚照）游宴，大學士劉健、謝遷、李東陽驟諫，不聽。尚書張升，給事中陶諧、胡煜、楊一瑛、張襘，御史王渙、趙佑，南京給事御史李光翰、陸昆等，交章論諫，亦不聽。」

厚照喵反而把**文臣們**給**免**了。

余華青《中國宦官制度史》：

「（1506年）大學士劉健等人會合群臣連續上書武宗（朱厚照），要求誅除劉瑾……劉瑾聞訊後星夜行動，以狡語讒言說動了武宗，致使形勢迅速逆轉……劉健等人亦於次日上朝時被強勒免官致仕。」

這下宦官可就**占上風**了，

傅樂成《中國通史》：

「正德元年（1506），武宗（朱厚照）以劉瑾掌司禮監，馬永成、谷大用分掌東西廠，其餘也各據要津，從此中外大權，悉歸宦官。」

他們開始瘋狂**打壓**文官，

傅樂成《中國通史》：

「劉瑾等得勢後，專以誅除正士，杜塞言路為務。大學士劉健、謝遷，因抗疏論諫，均遭貶逐；瑾等並以劉謝等五十三人為『奸黨』，榜示朝堂。」

而且還對文官進行**敲詐勒索**。

《明史紀事本末．卷四十三》：

「先是，諸司官朝覲至京，畏瑾虐焰，恐罹禍，各斂銀賂之，每省至二萬兩，往往貸於京師富豪，復任之日，取官庫貯倍償之，名曰『京債』。」

南炳文、湯綱《明史》：

「為了加緊搜刮，劉瑾又創立『罰米法』。此法創於正德三年（1508年）八月，當時劉瑾對已罷官的前戶部尚書韓文……罰米千石輸大同……」

【第二百五十九回 武宗敗國】

表面上這是宦官們在斂財，
但真正的**獲益者**其實是**厚照喵**。

[美]牟復禮、[英]崔瑞德《劍橋中國明代史》：
「劉瑾的主要工作和以前一樣，仍然是為揮霍無度的皇帝增加收入。」「1506年早期，太監劉瑾（約1452—1510年）開始提出許多增加收入的辦法，而皇帝（朱厚照）給了他實施它們的自由……對那些已被發現怠忽職守的官員處以罰金。」

一般來說國家的**稅收**在收上去後，
都是由**財務部門**監管的。

《明史．卷七十二》：
「（戶部）尚書，掌天下戶口、田賦之政令。侍郎貳之。稽版籍、歲會、賦役實征之數……」
《明史．卷七十九》：
「戶部太倉庫。各直省派剩麥米，十庫中綿絲、絹布及馬草、鹽課、關稅，凡折銀者，皆入太倉庫。籍沒家財，變賣田產，追收店錢，援例上納者，亦皆入焉。」

作為公家的錢，

皇帝也**不能**想花就**亂花**。

中華文化通志編委會《中華文化通志》：
「國家財賦所儲的太倉庫，由戶部掌管。皇室財賦開支通常由戶部調撥。即使是皇帝下令動用太倉銀，也要經過戶部。如弘治朝，孝宗欲興建別宮，下令戶部給銀，遭到尚書周經等拒絕，不得不作罷。」

所以宦官們為了**鞏固**受寵**地位**，

就會幫皇帝搞**私房錢**，

中華文化通志編委會《中華文化通志》：
「明中葉以後，宮廷開支浩繁，費用匱乏，戶部又屢加限制。於是，皇帝委託宦官自立產業，以供其奢侈消費。」

南炳文、湯綱《明史》：
「劉瑾之取得明武宗（朱厚照）的信任，靠的是滿足明武宗『好逸樂』的欲望，因此在劉瑾專權的時期裡，明武宗得以極為痛快地玩樂和揮霍。」

而**皇莊**就是搞私房錢最好的方式。

白壽彝《中國通史》：
「明初沒有皇莊。明中葉以後……皇室也因隨意高消費而感到難以滿足，於是建立皇莊，收取租稅，剝削民力。」

鄭克晟《明代政爭探源》：
「皇莊的一般經濟收入，不論是皇莊子粒（地租）或折成皇莊子粒銀，都由管莊太監等人直接掌管……不通過戶部。」

皇莊是皇帝的**私家**農莊，

白壽彝《中國通史》：
「皇莊，即由皇室直接命人（太監）經營，並以其租入歸皇室所有的田地。它是皇家的私產，是皇帝制度的產物。」

這些莊園有的是從**貪官**那兒**沒收**來的，

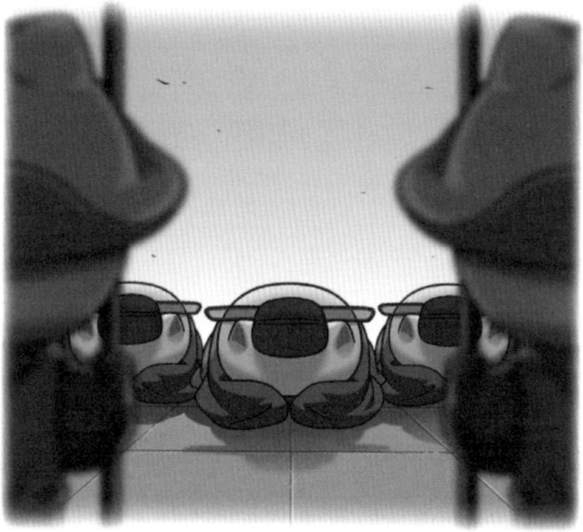

《明史・卷七十七》：
「（1464年）憲宗即位，以沒入曹吉祥地為宮中莊田，皇莊之名由此始。」
婁曾泉、顏章炮《明朝史話》：
「成化元年（1465），憲宗沒收宦官曹吉祥的莊田，作為自己的皇莊。曹吉祥的莊田大多為掠奪來的民地……」

有的則是從**百姓**那裡強行**兼併**而來。

《明史・卷七十七》：
「明時，草場頗多，占奪民業。而為民厲者，莫如皇莊及諸王、勛戚、中官莊田為甚。」
白壽彝《中國通史》：
「河北地區是明朝的近畿，密邇京師，皇室和勛貴廣置莊田，農民的土地多被侵占。」

宦官們大肆**斂財**的同時，

就會幫厚照喵瘋狂**擴充**皇莊。

鄭克晟《明代政爭探源》：

「太監不僅慫恿擴大皇莊，而且還利用職權自己兼併土地，擁有大片莊田，正德時太監莊田急劇增長。劉瑾在天津附近的莊田『不下千頃』。他死後，『而諸內臣又一切傳奉，號為皇莊』。」

蔡美彪《中國通史》：

「武宗（朱厚照）即位伊始，就增設皇莊七處，隨後又建蘇家口皇莊二十四處，前後不足六年，共增設三十一處皇莊。」

皇莊的**增加**則讓厚照喵有了更多錢去**玩樂**。

王天有《明朝十六帝》：

「武宗同歷代的封建帝王一樣，具有貪婪、奢侈和殘忍的共性，如他即位之初，就大肆建立皇莊，收羅庫藏供他揮霍；濫用民力、財富修建豹房、宮室、寺觀等。」

不過宦官派**內部**也**沒有**很團結，

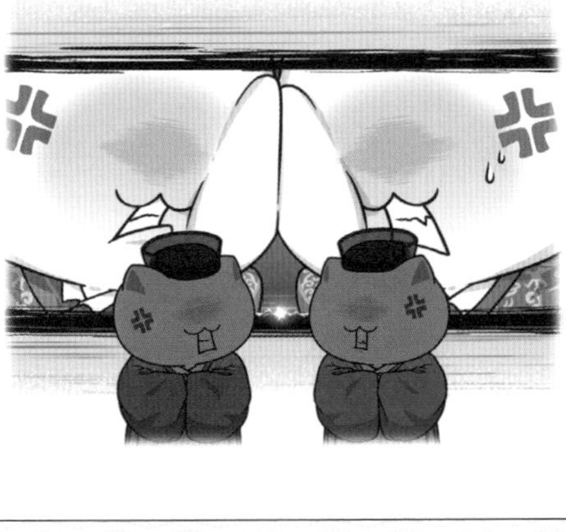

孟森《明史講義》：

「瑾於八黨中尤狡猾，為七人所推，及專政，七人有所請，瑾俱不應，咸怨之。又嘗欲逐張永南京，永於帝前毆瑾，帝令谷大用等置酒為解，由是二人益不合。」

白壽彝《中國通史》：

「在朱厚照的周圍，有八個對他有影響的太監，即馬永成、高鳳、羅祥、魏彬、丘聚、谷大用、張永和劉瑾。朱厚照即帝位，這些人立即受到重用，稱八黨……」

後來就有
宦官聯合文臣派**污蔑**宦官頭子**造反**的事，

《明史·卷三〇四》：
「（正德）五年（1510年）四月，安化王寘鐇反……都御史楊一清、太監張永為總督，討之……及永出師還，欲因誅瑾，一清為畫策……帝（朱厚照）置酒勞永，瑾等皆侍。及夜，瑾退，永出寘鐇檄，因奏瑾不法十七事……次日晏朝後，帝出永奏示內閣，降瑾奉御，謫居鳳陽。」

搞得厚照喵不得不**處死**
自己最信任的**宦官頭子**。

《明史紀事本末·卷四十三》：
「帝（朱厚照）悉以天下章奏付劉瑾……瑾由是自決政。」「初，上（朱厚照）尚未有意誅瑾，瑾聞鳳陽之命，曰：『猶不失富太監也！』及籍其家……衣甲千餘，弓弩五百。上大怒……凌遲之，三日梟其首……」

其實宦官與文臣的爭鬥**無論**誰贏，
對於厚照喵來說都是件討厭的事。

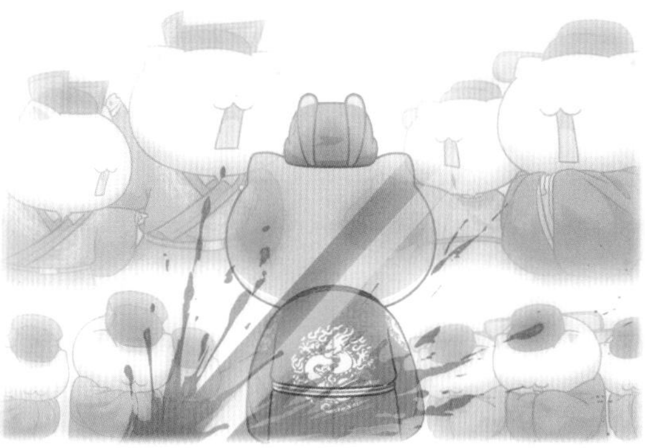

李洵《正德皇帝大傳》：
「『權宦』與『權臣』雖然有區別，但是同屬皇權之外的第二權力……所以明朝皇帝不容權臣出現，當然也就不容權宦出現了。」

文臣很**煩**，
宦官也**不一定**靠得住。

李洵《正德皇帝大傳》：
「在京城，皇上（朱厚照）會每天耳根不得清淨，朝臣們議論紛紜，不得自由……」
傅樂成《中國通史》：
「正德五年（1510），宗室安化王寘璠（鐇）反於慶陽……張永與劉瑾不合，回師後，乘機密奏瑾謀反，武宗信之，遂殺瑾……他（朱厚照）自劉瑾敗後，雖不全昵宦官……」

他其實更想**離開**那是非的皇宮，
去做更**有趣**的事。

《明史·卷六十八》：
「（永樂）十八年（1420年），建北京，凡宮殿、門闕規制，悉如南京，壯麗過之……正北曰乾清門，內為乾清宮，是曰正寢。」
李洵《正德皇帝大傳》：
「乾清宮是一個由『祖訓』、『祖制』形成的宮廷規制最為莊嚴的地方……（朱厚照）要想解脫這一切，只有離開這個討厭的地方。」

於是他把目光投向**邊境**，

他打算**北上**，

李洵《正德皇帝大傳》：
「正德十一年（1516年）七月十六日明廷接到緊急的軍情，說蒙古騎兵已經逼近白羊口附近……
自此以後，朱厚照決意出居庸關實現他的西北遠征目的。」

而他要對付的就是**韃靼部落**的小王子。

蔡美彪《中國通史》：
「明武宗正德時期，被稱為韃靼的蒙古諸部，在達延汗（小王子）統治下，呈現出新的局面……重新建立起黃金家族的統治。」

這個小王子在**統一**漢南蒙古後，
便常年對明朝**邊境**進行**侵擾**，

《明史・卷三二七》：
「弘治元年（1488年）夏，小王子奉書求貢，自稱大元大可汗……自是，與伯顏猛可王等屢入貢，漸往來套中，出沒為寇。」
南炳文、湯綱《明史》：
「明孝宗弘治時，又有稱為小王子的崛起，『自稱大元大可汗』（即達延汗），統一了蒙古各部……將其子孫分封在大漠南北的廣闊地域。」

明軍被搞得**焦頭爛額**，

《明史・卷三二七》：
「小王子數入寇，殺掠尤慘。（1513年）復以五萬騎攻大同，趣朔州，掠馬邑。帝（朱厚照）命咸寧侯仇鉞總兵禦之，戰於萬全衛，斬三級，而所失亡十倍……」

可以說是個**狠角色**。

蔡美彪《中國通史》：
「一五〇九年，明武宗得到報告說，曾經在大同戰敗王杲的火篩與小王子相仇殺……亦不剌聯絡阿爾禿斯部背叛達延汗，被小王子即達延汗戰敗……達延汗把禿猛可獲得完全的勝利，實現了左右翼諸部的統一。」

但他這次卻遇到了**厚照喵**，

《明史・卷十六》：
「（正德）十二年（1517年）春正月己丑，大祀天地於南郊……甲辰，小王子犯陽和，掠應州。丁未，（朱厚照）親督諸軍禦之，戰五日。」

也不知道是不是他們老朱家**戰鬥血脈**的覺醒，

李洵《正德皇帝大傳》：
「朱元璋以行伍起家，朱棣戎馬一生，以後皇家子弟本有習武事、取邊功的傳統……」

厚照喵在戰場上
展現出了優秀的**軍事才能**。

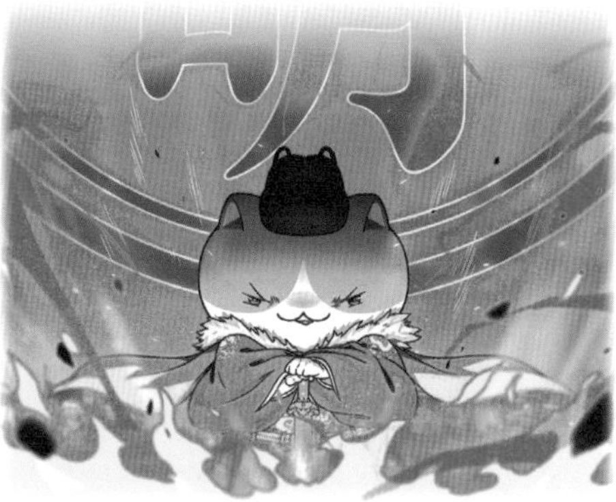

許文纖、陳時龍《正說明朝十六帝》：
「（1517年）在得知蒙古小王子部叩關來襲，武宗（朱厚照）非常高興，親自布置，希望同小王子大戰一場。這場戰鬥十分激烈……而且在這場戰鬥中，武宗親為指揮布置，戰術正確，指揮得法，體現了較高的軍事指揮才能。」

小王子帶著軍隊**打過來**，

《明史・卷三二七》：
「（正德）十二年（1517年）冬，小王子以五萬騎自榆林入寇，圍總兵王勛等於應州。」

卻硬是被厚照喵**打了回去**。

《明史·卷三二七》：

「帝（朱厚照）幸陽和，親部署，督諸將往援，殊死戰，敵稍卻。明日復來攻，自辰至酉，戰百餘合，敵引而西，追至平虜、朔州……是後歲犯邊，然不敢大入。」

總的來說，

明武宗朱厚照喵確實是個**複雜**的皇帝。

呂思勉《白話本國史》：

「平心論之，武宗（朱厚照）不過是一個紈褲子弟，倘使不做皇帝，也不過是個敗家子，無甚大害及於社會。要是處境困厄，或者還能養成一個很有才幹的人。」

他**天資聰慧**，通曉詩文、音樂，
甚至學過多國語言，

《四友亭集．卷三》：
「武皇（朱厚照）睿智性生……作詩揮筆輒就，曾不構思。」
《大泌山房集．卷一二二》：
「帝（朱厚照）多才藝，能自度曲，被歌聲。」
《明史．卷三二五》：
「佛郎機，近滿剌加。正德中，據滿剌加地，逐其王……武宗（朱厚照）南巡，其使火者亞三因江彬侍帝左右。帝時學其語以為戲。」

但他卻**更喜歡玩**。

白壽彝《中國通史》：
「弘治十八年（1505），朱厚照十五歲即位，年號正德。在他寵信的太監劉瑾等人引導下，他喜愛運動、遊戲的天性得到充分發揮。」

他**縱容**宦官弄權，

余華青《中國宦官制度史》：
「明代宦官勢力的增長，又是同專制君主的縱容分不開的……當朝臣對宦官假公濟私、貪求無厭等行為進行揭露抨擊時，明武宗卻輕描淡寫地說：『天下事豈專是內官壞了？』」

但**權力**卻始終能牢牢地**掌握**在自己手上。

許文繼、陳時龍《正說明朝十六帝》：
「武宗（朱厚照）雖然不入大內，但是仍時常上朝聽政，批答奏章，決定國家重大事件……在權力上一點也不糊塗，對權力抓得很牢。」

軍事上的行動雖然**動機不純**，

《明史・卷三〇七》：
「江彬，宣府人。初為蔚州衛指揮僉事……彬既心忌寧，欲導帝（朱厚照）巡幸遠寧。因數言宣府樂工多美婦人，且可觀邊釁，瞬息馳千里，何鬱鬱居大內，為廷臣所制。帝然之。」

但也確確實實打出了**氣勢**。

《名山藏・卷二十一》：
「我明傳序，於帝（朱厚照）九世，英宗（朱祁鎮）而上，皆嘗經武遏亂，至於憲祖（朱見深）、孝考，文教熙洽，息馬投戈。惟帝留意戎事，慨然有肅清海宇、鞭笞夷虜之志。郊畿之外，復見旄頭，虎豹之清塵焉。」

可以說，
厚照喵享受了皇權帶來的無上**權威**，
卻**沒有**履行好自己皇帝的**職責**。

李洵《正德皇帝大傳》：
「他（朱厚照）登基做了專制皇帝，達到這座貴族金字塔的頂峰，擁有絕對的皇權……」
《國榷・卷五十一》：
「武宗（朱厚照）少即警敏，好佚（逸）樂……憑其爽德，惛淫是究，違玉幾之先諭，耽左璫之近娛。朝講浸廢，刑賞無章，致禍溢朝野……」

他**嚮往**自由不羈的宮外生活，

白壽彝《中國通史》：
「皇宮對宦官來說是個牢籠，對皇帝來說也是個牢籠。武宗（朱厚照）和其他皇帝的不同之處在於，他特別嚮往牢籠外的生活……」

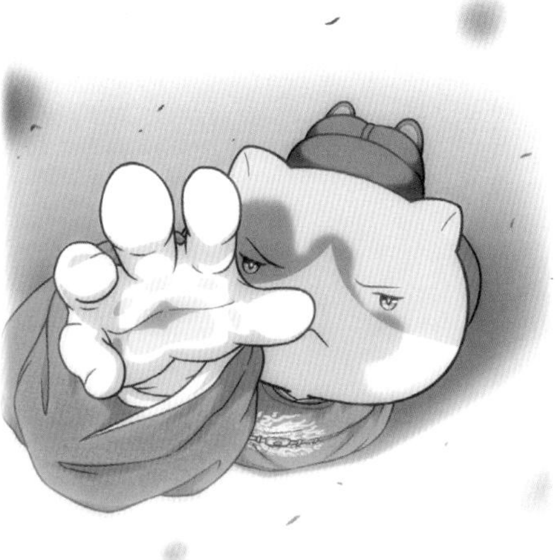

卻一生都擺脫不了權力的**枷鎖**。

李洵《正德皇帝大傳》：
「（朱厚照）雖然做了皇帝，但還要受到這個階級意識的『權威力量』的約束……就是明代皇族的太祖朱元璋制定的《祖訓》，《祖訓》對於明代貴族來講就是一種封建社會中的『族規』，貴族階級每一位成員都要遵守『族規』……皇帝更不能例外。」

最終，在位**十六年**的厚照喵
為後世留下一個**混亂**的社會，

《明武宗實錄・卷一九七》：
「上（朱厚照）在位改元正德，立十有六年。」
蔡美彪《中國通史》：
「武宗（朱厚照）嗣位於承平之世，政事荒廢，日事嬉游淫樂，靡費無節，朝政日益腐敗……明王朝經歷了由安而亂，由盛而衰的演變。」

也為大明朝留下了
一個前所未有的皇位繼承**危機**。

[美]牟復禮、[英]崔瑞德《劍橋中國明代史》：
「29歲的皇帝（朱厚照）在1521年4月19日夜死於他個人的宮中……」「與此同時，朝廷官員和太監們正就誰應迎接並在何處、何時、按何順序迎接新皇帝不停地爭吵。他們全都擔心未來會帶來什麼……」

那麼他之後的大明將會有什麼**故事**呢？

（**且聽下回分解。**）

編者按

明朝前期，皇帝親征打仗並不稀奇，例如朱元璋、朱棣都身經百戰，宣宗朱瞻基也曾征戰沙場。直到明英宗在土木之變中慘敗被俘，「御駕親征」才成了明朝君臣心中的禁忌。從此，大明皇帝深居宮中幾乎成了一條不成文的規矩，加上國庫緊張、軍事實力下滑，明朝對外一直呈現出的是戰略收縮的態勢。然而，討厭束縛的朱厚照顯然不打算照做。他是土木之變後唯一親臨前線的明朝皇帝，喜歡我行我素，還有和猛獸搏鬥的記載。他在位期間鎮壓過農民起義和藩王叛亂，對韃靼的勝利則是他一生的高光。所以朱厚照雖然行事荒唐，在史書中評價不高，能得到「武宗」的廟號，還是有肯定他平定禍亂之意。

朱厚照——油條（飾）

參考來源：《明史》、《明武宗實錄》、《明史紀事本末》、《名山藏》、《國榷》、《四友亭集》、《大泌山房集》、白壽彝《中國通史》、蔡美彪《中國通史》、傅樂成《中國通史》、翦伯贊《中國史綱要》、南炳文和湯綱《明史》、王天有《明朝十六帝》、李洵《正德皇帝大傳》、[美]牟復禮和[英]崔瑞德《劍橋中國明代史》、許文繼和陳時龍《正說明朝十六帝》、白新良等《正統帝 景泰帝》、婁曾泉和顏章炮《明朝史話》、張顯清和林金樹《明代政治史》、孟森《明史講義》、余華青《中國宦官制度史》、中華文化通志編委會《中華文化通志》、鄭克晟《明代政爭探源》、呂思勉《白話本國史》

附錄

【威武大將軍】

朱厚照曾化名為「朱壽」，
率軍巡視邊境，
還自封為威武大將軍、鎮國公。

【聰慧少年】

朱厚照剛上學的時候很有禮貌，
也很勤奮。
他頭天學的東西，
第二天就能背誦，
得到了很多誇獎。

【皇帝義子】

朱厚照喜歡打仗，
和軍隊將領們處得很好，
他甚至認一些將領為義子，
整天和他們混在一起。

百群喵檔案

油條小劇場

《馬拉松》

我的腿……已經不行了……別管我，你自己走吧！
不行！我不能丟下你自己跑掉！
你忘了我們的目標了嗎？
但是……但是……
快走啊！再不跑就來不及了！
啊啊啊啊！水餃！
那傢伙跑個馬拉松哭啥啊？
感覺腦子有問題……

《特訓》

嘻嘻！
好厲害啊，油條！一個假期不見，你的力量增強了好多！
大師傅
這都是烏龍師傅的訓練成果！
好強啊！
我想知道你究竟做了什麼訓練！
手要穩！節奏要保持！這樣才能打出有彈性的肉丸子！
是的！烏龍師傅！

油條

射手座

生日：12 月 5 日

身高：185 公分

收過最喜歡的禮物：

《世界名著大全》

（油條擬人介紹）

油條的機器喵

Youtiao's Robot

第一百六十回◉大禮之爭

西元1521年，
明武宗突然**去世**，
大明皇朝又到了**皇位更替**的時候。

《明史·卷十六》：
「（正德）十六年（1521年）春正月癸亥，改卜郊……乙丑，（朱厚照）大漸，諭司禮監曰：『朕疾不可為矣。其以朕意達皇太后，天下事重，與閣臣審處之。前事皆由朕誤，非汝曹所能預也。』丙寅，崩於豹房，年三十有一。」

可**問題**是……
武宗既沒有兒子也沒有親兄弟，

《明史·卷十七》：
「（1521年）武宗（朱厚照）崩，無嗣……」
《明史·卷一一九》：
「孝宗二子。武宗、蔚王厚煒，俱張皇后生。蔚悼王厚煒，孝宗次子，生三歲薨。」

皇位一時間**沒了繼承者**。

張岂之《中國歷史．元明清卷》：
「武宗（朱厚照）之死，給明朝出一個難題：他既無子嗣，又無親兄弟，皇位由誰繼承？」

這時一位**大臣**提出了方案，

他就是**楊廷和**喵。

《明史．卷一九〇》：
「楊廷和，字介夫，新都人。」
「先是，武宗崩，廷和草遺詔。言皇考孝宗敬皇帝親弟興獻王長子某，倫序當立。遵奉《祖訓》兄終弟及之文，告於宗廟，請於慈壽皇太后，迎嗣皇帝位。」

廷和喵是武宗的**老師**，

《明史・卷一九〇》：
「廷和為人美風姿，性沉靜詳審，為文簡暢有法。好考究掌故、民瘼、邊事及一切法家言，郁然負公輔望。弘治二年（1489年）進修撰。《憲宗實錄》成，以預纂修進侍讀。改左春坊左中允，侍皇太子（朱厚照）講讀。」

更是**三朝元老**，

胡凡《嘉靖傳》：
「楊廷和少年先達，曆仕成化、弘治、正德三朝……」
《明史・卷一九〇》：
「（1510年）流賊劉六、劉七、齊彥名反……廷和請逮中錫下獄，以陸完代之……賊平論功，錄廷和一子錦衣衛千戶。辭，特加少師、太子太師、華蓋殿大學士。東陽致政，廷和遂為首輔。」

可以說是當時的**文官**群體的**頭頭**。

蔡美彪《中國通史》：
「（1521年）武宗（朱厚照）縱欲亡身，死後並無子嗣繼承皇位……首輔內閣大學士楊廷和在位十餘年，權位最重……」
翦伯贊《中國史綱要》：
「內閣大學士有首輔、次輔和群輔的區別，首輔位極人臣，一切朝政都歸其調度。」

武宗在去世前就託付他挑選**新**的**繼承者**，

白鋼《中國政治制度通史》：「武宗（朱厚照）瀕危時，謂『以朕意達皇太后，天下事重，其與內閣輔臣議處之』，於是司禮監奉太后命，至內閣與大學士楊廷和等議立繼君。」

於是在結合多方考量後，

他決定擁立**武宗**的**堂弟**。

《明史・卷一九〇》：「（1521年）三月十四日丙寅，谷大用、張永至閣，言帝（朱厚照）崩於豹房……廷和舉《皇明祖訓》示之曰：『兄終弟及，誰能瀆焉！興獻王長子，憲宗（朱見深）之孫，孝宗之從子，大行皇帝之從弟，序當立。』」

這就是**朱厚熜**喵！

《明史・卷十七》：「世宗欽天履道英毅神聖宣文廣武洪仁大孝肅皇帝，諱厚熜，憲宗（朱見深）孫也。」

厚熜喵是**藩王**的**王子**，

《明史紀事本末・卷五十》：
「帝（朱厚熜）興獻王子，憲宗純皇帝（朱見深）孫也。憲宗生十皇子，長孝宗敬皇帝，次興獻王。」

他性格**沉穩**，天資**聰明**。

《明世宗實錄・卷一》：
「上（朱厚熜）生五歲即穎敏絕人，獻皇帝口授以詩，不數過輒成誦……儼然有人君之度。」

作為藩王的兒子，
厚熜喵經常**聽**父親聊**朝廷**裡的**事**，

林延清《嘉靖皇帝大傳》：
「朱厚熜的父親朱祐杬生於明成化十二年（1476），是明憲宗（朱見深）第四子……課業之餘，朱祐杬還將『軍民疾苦、稼穗（穡）艱難之事』諄諄開諭，對於當時朝中情勢及臣之賢否也不時講說……」

所以**從小**就對朝堂之事有一定**了解**。

林延清《嘉靖皇帝大傳》：

「……這就使少年朱厚熜對於正德朝廷的混亂情況有了一些了解。」

後來他爹死了，

十三歲的厚熜喵便**承擔**起了王府的**管理事務**。

《明史．卷十七》：

「興獻王祐杬，國安陸，正德十四年（1519年）薨。帝（朱厚熜）年十有三，以世子理國事。」

可還沒過多久，

他就**接**到了朝廷裡發下來的「**委任書**」，

《明史紀事本末．卷五十》：

「正德二年（1507年）秋八月，帝（朱厚熜）生於興邸……獻王薨，帝受敕嗣理國事。至是，年十有五矣。武宗（朱厚照）無子，臨崩遺詔曰：『……興獻王長子厚熜，聰明仁孝，德器夙成，倫序當立……即日遣官迎取來京，嗣皇帝位。』」

一下子從**王子**變成了**皇帝**。

《明史・卷一一五》：

「王薨二年而武宗（朱厚照）崩，召王世子（朱厚熜）入嗣大統，是為世宗。」

能當皇帝確實是件**好事**，

可厚熜喵也深知中央是個**權力**交錯的**漩渦**，

蔡美彪《中國通史》：

「世宗（朱厚熜）生於安陸藩邸……對於突然而來的承繼皇位，原無準備，對於宮廷及朝中諸事，也無經歷。武宗（朱厚照）寵信宦官佞幸，淫樂無度。內廷宦官與朝中大臣之間也是矛盾重重，相互傾軋。」

朝中權貴更是個個**老謀深算**。

胡凡《嘉靖傳》：

「在40多年的官宦生涯中，他（楊廷和）從一個意氣風發的年輕進士，鍛鍊成一個有豐富的政治鬥爭經驗的政府首腦……」

許大齡、王天有《明朝十六帝》：

「張太后……成化二十三年（1487年）選為太子妃。明孝宗即位，冊立為皇后……張太后希望選擇一個年幼的嗣君，納入孝宗、武宗一系，便於控制……」

無依無靠的自己要在這樣的環境裡站穩，

蔡美彪《中國通史》：

「世宗（朱厚熜）繼統，既無朝中師保可為倚恃，又無藩府舊臣隨從輔佐……」

那就必須得做好**鬥爭**的**準備**了……

蔡美彪《中國通史》：
「……少年天子入京師，不啻隻身入虎穴，前途是艱險的。這使他（朱厚熜）不能不對周圍的各種陌生的勢力，心存戒備、以防不測之變的發生，又不能不極力維持皇權，以免成為被人操縱的工具。」

而事實證明厚熜喵的**想法**是**正確**的，

以廷和喵為首的朝中權貴們
看中的正是厚熜喵的**勢單力薄**。

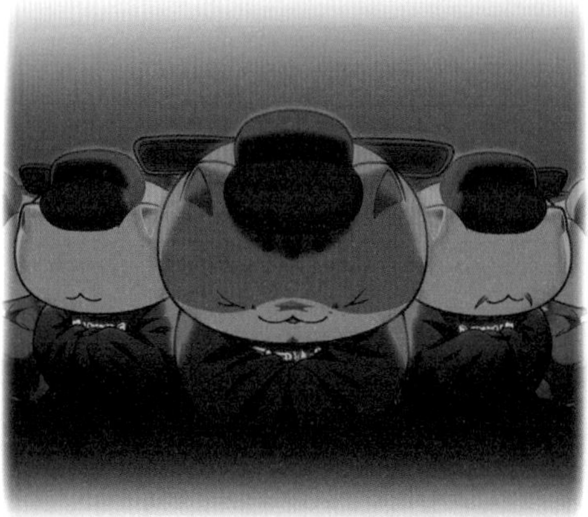

林延清《嘉靖皇帝大傳》：
「以楊廷和為代表的朝臣，和以皇太后張氏為首的內廷之所以選定朱厚熜，除了遵循繼嗣制度以保持王朝的穩定外，還有多種因素。」「朱厚熜封國遠在湖廣，和朝內宦官、倖（幸）臣及勛戚貴族基本上沒有聯繫……況且此時的朱厚熜年僅15歲，政治上不可能成熟……」

對他們來說，
擁立皇帝一方面可以**確立**自己的**威信**，

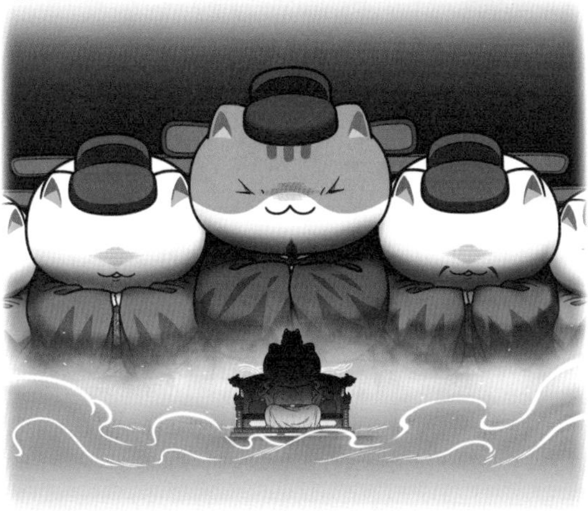

林延清《嘉靖皇帝大傳》：
「張太后以皇族長輩的身分，積極擁護朱厚熜入繼皇位，這就取得了政治上的主動權，藉以保持和鞏固張氏貴族和整個皇族的利益。而內閣首輔楊廷和通過定策迎立世宗（朱厚熜），則大大提高了自己的威信……」

另一方面，
地方上來的王子**沒什麼勢力**
也更好**控制**。

白壽彝《中國通史》：
「首輔楊廷和原想藉擁立之功控制這個年輕的皇帝……朱厚熜入宮前，他已總理朝政幾十日。在他看來，以自己的功勞和朝中實力制約皇帝沒有問題。」
胡凡《嘉靖傳》：
「嘉靖皇帝（朱厚熜）從藩王入承大統，他在朝中沒有任何可以依靠的政治勢力……在這種情況下，他只有依靠以內閣為首的整個政府官僚機構。」

既能**安定**社稷，又能**鞏固**地位，

簡直是**完美**方案！

胡凡《嘉靖傳》：

「內閣首輔楊廷和及其閣臣們赤心為國，早就懷有整頓朝政、挽救明王朝統治危機的願望……新皇帝（朱厚熜）對朝政不熟悉。一切都要依靠政府，正應該借此機會力革前朝弊政……」

《明史．卷一九〇》：

「廷和以帝（朱厚熜）雖沖年，性英敏，自信可輔太平，事事有所持諍。」

可惜這個算盤他們**沒打響**，

白壽彝《中國通史》：

「楊廷和等奉迎世宗（朱厚熜）之初，想到外朝完全不能限制武宗（朱厚照），因而希望通過登基儀、議皇考等一系列事件來加以制約皇帝。結果卻適得其反……」

因為廷和喵的**擁立計畫**裡，

最核心的點就是**過繼**問題。

朱紹侯《中國古代史》：

「武宗朱厚照無子，死後由堂弟朱厚熜繼位，是為世宗。世宗是興獻王的獨子，他欲尊生父為帝。首輔楊廷和等認為，繼統必須繼嗣……」

林延清《嘉靖皇帝大傳》：

「皇嫡長子為大宗、為帝統，是帝位的繼承者；其他皇子為小宗……遇到大宗無嗣，也無同父兄弟，需要由小宗入繼帝位時，小宗必須過繼給大宗……」

厚熜喵需要**先過繼**給武宗家當兒子，

才能來**繼承**皇位。

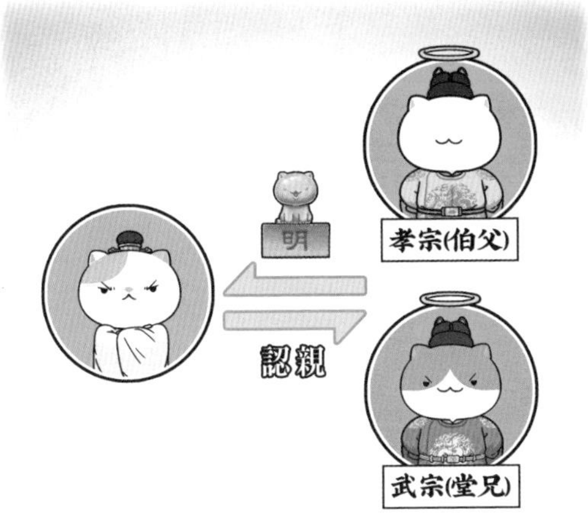

《明史・卷十六》：

「武宗承天達道英肅睿哲昭德顯功弘文思孝毅皇帝，諱厚照，孝宗長子也。」

張顯清、林金樹《明代政治史》：

「世宗（朱厚熜）即位後，即令禮部研究其父興獻王的崇祀典禮問題，主要是稱謂問題……按照楊廷和的設計，典禮中世宗要以明孝宗為父。」

黎東方《黎東方講史・細說明朝》：

「（楊廷和）認為世宗（朱厚熜）既已作了孝宗的嗣子，應稱孝宗為『皇考』……」

《古代漢語詞典》：

「皇考：對亡父的尊稱。」

簡單點說就是厚熜喵要**認武宗**的**爹**當爹，

自己的爹只能叫**叔叔**。

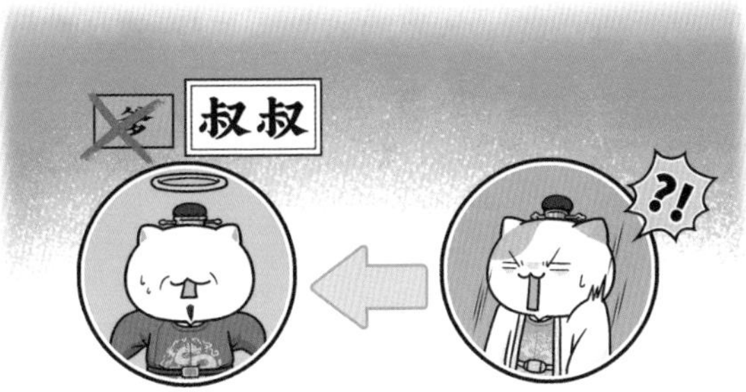

傅樂成《中國通史》：

「世宗（朱厚熜）以興獻王（名祐杬，孝宗弟）世子入承大統，即位之初，即下詔議興獻王的祀典及專稱。楊廷和議稱孝宗為皇考，興獻王為皇叔父……」

這厚熜喵**哪裡肯**，

《明史紀事本末．卷五十》：
「（1521年）戊申，（朱厚熜）命禮官集議崇祀興獻王典禮。禮部尚書毛澄請於大學士楊廷和……上議：『……以孝宗為考，興獻王及妃為皇叔父母。祭告上箋稱侄，署名。而令崇仁主考興獻王，叔益王。』帝（朱厚熜）覽曰：『父母可移易乎？其再議！』……終不從。」

說到底，
以廷和喵為首的文官們
表面上是在**維護禮法**的正規性，

《明史．卷一九〇》：
「（1521年）七月，張璁上疏謂當繼統，不繼嗣。帝遣司禮太監持示廷和，言此議遵祖訓，據古禮，宜從……廷和退而上奏曰：『《禮》謂為所後者為父母，而以其所生者為伯叔父母，蓋不惟降其服而又異其名也。臣不敢阿諛順旨。』」

可實際上，
這就是**皇權**和**臣權**之間的較量。

南炳文、湯綱《明史》：
「關於朱祐杬的尊崇典禮，明世宗（朱厚熜）君臣前前後後爭論了一二十年。這件事情本身，意義並不重大，不過是禮文末節……楊廷和與明世宗關於『大禮』的意見分歧，實包含有首輔與皇帝爭權力的內容。」

於是乎，

厚熜喵與廷和喵之間的**鬥爭開始**了，

蔡美彪《中國通史》：
「以楊廷和為首的舊臣雖然依祖訓兄終弟及之意擁立世宗（朱厚熜），卻把世宗繼位看作是孝宗過繼皇子……聯絡朝官，一再抗疏，旨在迫使世宗就範，屈從廷議。世宗尊崇父母，旨在維護皇權，自不甘受人擺佈，自削權柄。大禮之議於是成為新帝與舊臣的一次全面的較量。」

廷和喵要求「**改爹**」，

《明史．卷一九一》：
「（1521年）五月七日戊午，澄大會文武群臣，上議曰：『……陛下（朱厚熜）宜稱孝宗為皇考，改稱興獻王為『皇叔父興獻大王』，妃為『皇叔母興獻王妃』。凡祭告興獻王及上箋於妃，俱自稱『侄皇帝』……』」

厚熜喵不答應。

《明史．卷一九一》：
「……帝（朱厚熜）怒曰：『父母可更易若是耶！』命再議。」

廷和喵要求厚熜喵的母親到京城來要**走側門**，

陛下！根據禮法
這必須……

《明史·卷一一五》：
「皇后蔣氏，世宗（朱厚熜）母也……（1521年）世宗入承大統，即位三日，遣使詣安陸奉迎……將至，禮臣上入宮儀，由崇文門入東安門……再議由正陽門入大明、承天、端門，從王門入宮……王門，諸王所出入門也。」

厚熜喵不接受，

不行！

《明史·卷一九一》：
「（1521年）帝（朱厚熜）以母妃將至，下禮官議其儀。澄等請由崇文門入東安門，帝不可。乃議由正陽左門入大明東門，帝又不可。」

而且還得**禮數周全**，
從**正門**進來。

給我尊尊敬敬請進來！

《明史·卷一九一》：
「……澄等執議如初。帝乃自定其儀，悉由中門入。」
蔡美彪《中國通史》：
「（1521年）九月，世宗（朱厚熜）母興獻王妃蔣氏從安陸來到通州……禮部會擬迎后進宮禮儀，由朝陽門進東安門。世宗不准，自定從正陽門由中道行。禮部請用王妃鳳轎儀仗。世宗不准，詔用母后駕儀……由大明門中門入……」

反正厚熜喵的觀點就是

不能為了規矩就**拋棄**父母。

怎麼地！
爹媽是可以隨便
拋棄的嗎？
你們有沒有良心？

白壽彝《中國通史》：

「初，禮臣議孝宗皇帝為皇考，興獻王為皇叔父興獻大王，興獻王妃為皇叔母興獻大王妃。世宗（朱厚熜）不允，要臣僚們再議，他明確對楊廷和說：『至親莫如父母，卿等宜體朕意。』」

這種站在**孝道立場**的態度

慢慢**得到**了大家的**支持**。

陛下也是孝道為先。
就是。
是呀……怎麼可以這樣……
我支持陛下……
沒錯。

白壽彝《中國通史》：

「（1521年）七月，四十七歲的新科進士張璁上疏：『繼統不繼嗣，請尊崇所生。』」「除張璁之外，一批中下層官僚，如主事桂萼、霍韜……以及個別上層官僚，如前朝老臣楊一清，湖廣巡撫席書等，贊同和發展了『繼統不繼嗣』的理論，形成了相當大的聲勢。」

反觀廷和喵他們，不僅顯得**不厚道**，

黎東方《黎東方講史·細說明朝》：「楊廷和本人，也未免太固執了一些。興獻王只有世宗（朱厚熜）一個兒子，世宗改作了孝宗的兒子而稱興獻王為叔父，豈不是弄得興獻王絕後？」

手段上也**不太高明**。

他們除了**打擊**支持厚熜喵的**官員**們，

蔡美彪《中國通史》：「（1521年）十月間，兵部職官主事霍韜作大禮議，反駁楊廷和、毛澄等人的廷議……進士張璁力排眾議，進大禮議之後，十一月又作『大禮或問』……楊廷和授意吏部，任命張璁為南京刑部主事，調出京師……楊廷和在大禮議中，利用權勢，排斥異己，直言而並不隱諱。」

還多次用**辭職**來**威脅**厚熜喵。

臣不中用了！既然陛下不認為我的建議是對的，
那就批准我辭職回家吧！

胡凡《嘉靖傳》：

「嘉靖帝（朱厚熜）在即位後第一次上朝，就提出了父親興獻王的封號問題……楊廷和作為定策國老，並未把小皇帝看得太重，他自信可輔太平，『事事有所持諍。』因而在議禮過程中……每遇與嘉靖帝意見不和時，便『累疏乞休』。」

廷和喵的兒子
甚至拉了一堆文臣**跪**在宮殿門口，
逼迫厚熜喵**就範**，

陛下！我們願為大義而死，
請陛下改變旨意！

《明史．卷一九二》：

「楊慎，字用修，新都人，少師廷和子也……偕廷臣伏左順門力諫。帝（朱厚熜）震怒，命執首事八人下詔獄。於是慎及檢討王元正等撼門大哭，聲徹殿庭。」

白壽彝《中國通史》：

「嘉靖三年（1524）七月戊寅，朝罷，楊慎偕吏部侍郎何孟春倡言於眾，要群臣跪哭宮門，給皇帝施加壓力……」

可厚熜喵根本**不受影響**。

王天有《明朝十六帝》：

「明世宗（朱厚熜）個性很強，不是一個任人擺佈的少年天子……決不肯納入明孝宗、明武宗（朱厚照）一系。」

廷和喵的辭職**批准**了，

批准了！不像樣的傢伙！

《明史·卷一九〇》：
「廷和先累疏乞休，其後請益力。又以持考獻帝議不合，疏語露不平。（嘉靖）三年（1524年）正月，帝（朱厚熜）聽之去。責以因辭歸咎，非大臣道。」

那些跪著的官員
就乾脆抓的**抓**，打死的**打死**。

我好話跟你們說，
你們不聽……
現在可別怪我
不客氣了……

白壽彝《中國通史》：
「（1524）二百多名官僚聚集在左順門跪伏哭諫。有人大呼高皇帝、孝宗皇帝，表示強烈的抗議。這使世宗（朱厚熜）非常惱火，在勸諭無效之後，將二百多人逮繫入獄，為首八人編伍，其餘四品以上奪俸，五品以下杖責，有十七人先後受杖而死。」

最終……文官集團再**不敢造次**，

林延清《嘉靖皇帝大傳》：
「左順門事件是大禮議的轉折點。此後，除個別人外，很少有人敢於出面反對議禮了，即使是以前爭大禮的大臣們，也多『依違順旨』……」

而厚熜喵則獲得了**完全**的**勝利**，

蔡美彪《中國通史》：
「世宗（朱厚熜）在位三年，於朝政逐漸熟悉。楊廷和去後，對於抗旨臣下，漸趨嚴厲，屢加斥責。面對左順門的嚴峻形勢，世宗行使皇權，採取鎮壓措施……世宗終於戰勝朝臣，取得全面的勝利。」

史稱「**大禮議**」事件。

張顯清、林金樹《明代政治史》：
「朱厚熜登上皇位後，圍繞著應按繼統關係稱孝宗為『皇考』、興獻王為『皇叔父』，還是按血緣關係稱孝宗為『皇伯考』、興獻王為『皇考』，發生了激烈爭論，這在當時稱為『大禮議』。」

大禮議的勝利標誌著皇權的**再次加強**，

王天有《明朝十六帝》：
「大禮議後，皇權大大增強……舊的皇族勛戚勢力受到衝擊……」

因為厚熜喵是藩王登基**稱帝**，
跟**朝中**權貴**沒**啥利益共生關係，

王天有《明朝十六帝》：
「世宗（朱厚熜）是以地方藩王身分入繼大統，與舊的皇室勛戚聯繫較少……不同於楊廷和等老臣與皇族戚畹有著千絲萬縷的聯繫……」

因此更能無顧忌地**打壓權貴**們的**勢力**。

王天有《明朝十六帝》：
「……故在限制舊的權貴方面少有顧忌。當時受到打擊最大的是張太后家族……對其他皇室勛貴也從經濟上加以限制。」

然而大禮議的**勝利**
也讓厚熜喵**更加專斷**，

胡凡《嘉靖傳》：
「嘉靖帝（朱厚熜）以小宗入繼大統，正是他從青少年向成年的過渡時期，是議禮派教會了他以皇權專斷，導致以後在理論上、政治上的獨斷專行，以杖責和誅殺為快事……這種作風的形成與大禮之爭有著直接的關係。」

官員們為了自保只能**唯唯諾諾**。

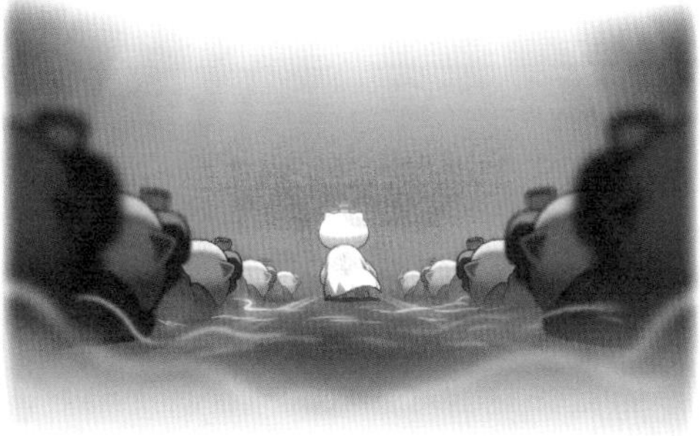

胡凡《嘉靖傳》：
「在大禮之爭中，議禮雙方黨同伐異，互相傾軋……而議禮派以『片言致通顯』，從中下層一躍而為首輔六卿，使人們看到諂媚迎合的好處，一時間諂風大熾，人競效仿……」
南炳文、湯綱《明史》：
「左順門事件是『議大禮』的轉折點……各個大臣，多『依違順旨』，明世宗（朱厚熜）的主張從此比較順利地一一付諸實現……」

那在這之後，
大明朝會**變得如何**呢？

（且聽下回分解。）

編者按

楊廷和十九歲入仕，早早就立下建立功業的志向。他最早就職於皇帝的祕書機構「翰林院」，從一個低級別文官做起，一步步做到首輔。在武宗病逝到朱厚熜即位的37天裡，他總攬朝政、清除奸臣、穩定局勢，此後又協助新君實施新政，贏得了朝野的讚譽。朱厚熜對這位老臣一開始也是充滿尊敬的。

然而，楊廷和顯然不夠尊重這位十五歲的小皇帝。在要求朱厚熜「換爸媽」的過程中，他曾宣稱反對者「當斬」，後來又用各種手段向朱厚熜施壓。縱觀整個明代的君臣關係，也是十分罕見的。作為一個沒有太多「根基」的皇帝，朱厚熜本就懷疑大臣會威脅他的權力，即使楊廷和有再大的功績，「分手」也只能是必然的選擇。

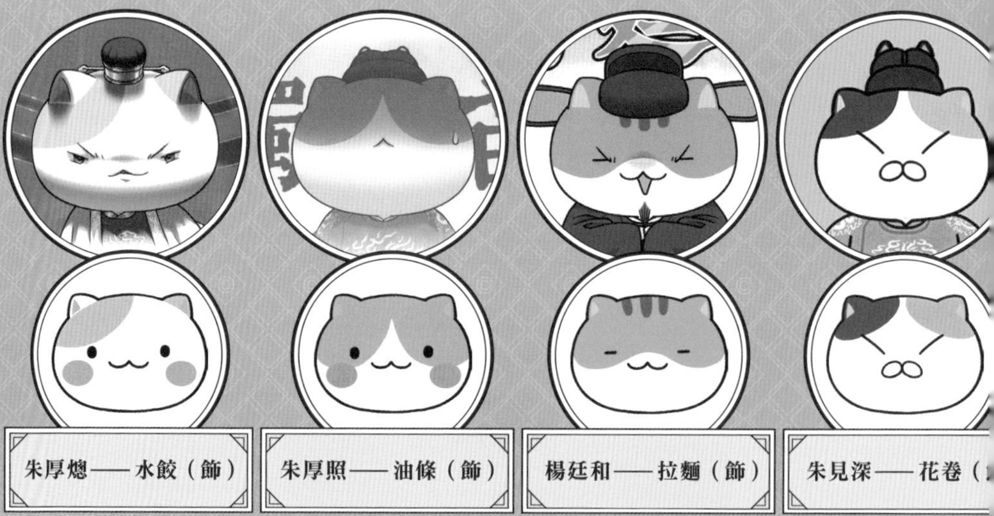
朱厚熜——水餃（飾）
朱厚照——油條（飾）
楊廷和——拉麵（飾）
朱見深——花卷（

參考來源：《明史》、《明史紀事本末》、《明世宗實錄》、《古代漢語詞典》、胡凡《嘉靖傳》、白壽彝《中國通史》、蔡美彪《中國通史》、傅樂成《中國通史》、翦伯贊《中國史綱要》、王天有《明朝十六帝》、南炳文和湯綱《明史》、林延清《嘉靖皇帝大傳》、張豈之《中國歷史．元明清卷》、白鋼《中國政治制度通史》、朱紹侯《中國古代史》、張顯清和林金樹《明代政治史》、黎東方《黎東方講史．細說明朝》

附錄

【油鹽不進】

朱厚熜曾多次約楊廷和喝茶談心，
希望楊廷和讓步，
但楊廷和怎麼都不領情。

不為所動！

當個皇帝把兒子都當沒了！
誰愛去誰去，老娘不幹了！

【老娘不幹】

朱厚熜的母親聽說
兒子要被過繼到武宗家，
非常生氣，
一度拒絕去京城。

【依依不捨】

朱厚熜和母親蔣氏的關係很好，
當年他從封地前往京城繼承皇位時，
很捨不得媽媽，
哭了很久才出發。

媽媽！

百群喵檔案

拉麵小劇場

《釣魚》

《心想事成》

唐獸首瑪瑙杯
拉麵
雙子座
生日：6 月 1 日
身高：180 公分
收過最喜歡的禮物：
媽媽做的午餐
(拉麵擬人介紹)

拉麵的機器喵

Lamian's Robot

第一百六十一回 ◉ 功業中輟

西元1521年，
大明第**十一任**皇帝繼位，

王天有《明朝十六帝》：
「明武宗（朱厚照）無子，生前也未立皇儲，於是一個地方藩王的世子在他死後得以繼承皇位。這個藩王世子就是明朝第十一代皇帝……」

他就是明世宗**朱厚熜**喵。

《明史·卷十七》：
「世宗欽天履道英毅神聖宣文廣武洪仁大孝肅皇帝，諱厚熜……」
「（1521年）武宗（朱厚照）崩，無嗣，慈壽皇太后與大學士楊廷和定策……（朱厚熜）即皇帝位。以明年為嘉靖元年，大赦天下。」

這位年僅十五歲的少年天子
只用了短短幾年時間便**擺平**了**群臣**，

白壽彝《中國通史》：
「（1521）朱厚熜以藩王入繼大統，史稱其『多謀』而『剛愎』。確實，年僅十五歲的明世宗，絕非是不諳世事、任人擺佈的少年天子……」
蔡美彪《中國通史》：
「（1524年）七月十六日，世宗率文武群臣奉冊寶，上生母蔣后尊號為章聖慈仁皇太后……大禮之議，世宗終於戰勝朝臣，取得全面的勝利。」

憑藉著君權和高壓手段

從實質上**成為**了明皇朝新的**主宰**。

林延清《嘉靖皇帝大傳》：

「大禮議的成功給嘉靖皇帝（朱厚熜）帶來的影響是深遠和深刻的。首先，它使嘉靖皇帝真正成為擁有最高權力的封建君主……青年的嘉靖皇帝面對舉朝文武的反對，堅持不懈地努力、奮爭，依靠手中的君權和高壓手段，擊敗了以老成持重的楊廷和為首的反對議禮派官員。」

然而此時的大明卻**問題多多**，

胡凡《嘉靖傳》：

「剛剛即位的15歲的嘉靖皇帝（朱厚熜），面臨的是他的堂兄武宗（朱厚照）所留下的政治混亂、民生凋敝、帑藏空虛、邊防墮壞的一副爛攤子。」

朝堂之上**宦官亂政**，

林延清《嘉靖皇帝大傳》：

「明朝正統以來，宦官權勢逐步增長。尤其是在正德朝，出現了權傾內外的大太監劉瑾，內閣六部無不俯首聽命。劉瑾敗亡後，谷大用、魏彬等宦官又和佞臣江彬、錢寧等勾結在一起，繼續為害朝政。武宗（朱厚照）駕崩，嘉靖帝（朱厚熜）即位，他們失去奧援……」

朝堂之下土地**兼併嚴重**。

林延清《嘉靖皇帝大傳》：
「嘉靖皇帝（朱厚熜）即位初期面臨的另一個難題是抑制日益激烈的土地兼併……」

這……根本**不是**厚熜喵**想要的**天下呀！

於是**每天**雞一打鳴，
他就起床開**早會**，

《明世宗實錄‧卷八十三》：
「（1527年）大學士楊一清等言：『……今陛下（朱厚熜）常以昧爽以前視朝，或設燭以登寶座，雖大風寒無間……』」
林延清《嘉靖皇帝大傳》：
「他（朱厚熜）一反武宗（朱厚照）在位時不理朝政，恣意玩樂的做法，繼位後『求治銳甚』。他常常是雞鳴則起，很早就上朝聽政。」

到中午還要開**午會**。

林延清《嘉靖皇帝大傳》：
「（朱厚熜）還接受大臣建議，恢復孝宗朝舉行的，後已停止的午朝……」

對於大臣們提出的**建議**，
他也仔細**聽取**。

《明史・卷二〇七》：
「帝（朱厚熜）初踐阼，言路大開。進言者或過於切直，帝亦優容之。」

在**施政**方針上，
厚熜喵也主打一個**撥亂反正**。

林延清《嘉靖皇帝大傳》：
「嘉靖皇帝（朱厚熜）即位後繼續清除前朝弊端……在政治、經濟、軍事等方面採取了一些緩和矛盾，發展經濟，穩定社會的積極措施……出現了撥亂反正的大好局面……」

官員太多了，就猛猛**裁員**。

田澍《嘉靖革新研究》：
「官吏的冗濫是嘉靖以前明代的一大蠹弊……（朱厚熜）對冗濫進行了全方位、強有力的裁革……」
《明史．卷七十一》：
「嘉靖中，詹事霍韜言：『成化中，增太祖時軍職四倍，今又增幾倍矣……』於是（朱厚熜）命給事中夏言等查核冒濫……恩幸冗濫者，裁汰以數千計，宿蠹為清。」

宦官專權，就狠狠**打壓**。

白壽彝《中國通史》：
「世宗（朱厚熜）從正德朝接受的最主要的教訓就是防止宦官權力的膨脹。他撤回天下鎮守內臣，基本不曾再設；宦官犯罪，則鞭撻至死，陳屍示戒。」

後宮外戚仗勢**欺壓百姓**，

《明史．卷三〇〇》：
「張巒，敬皇后父也。弘治四年（1491年）封壽寧伯。立皇太子，進為侯。卒贈昌國公，子鶴齡嗣侯……鶴齡兄弟並驕肆，縱家奴奪民田廬，篡獄囚，數犯法。」

直接給你**弄死**。

《明史・卷三〇〇》：

「正德中，鶴齡進太傅。世宗（朱厚熜）入繼，鶴齡以定策功，進封昌國公……嘉靖十二年（1533年），延齡有罪下獄，坐死……」

此外，

厚熜喵跟他的先祖元璋喵一樣，

對百官非常**嚴厲**，

《廿二史劄記・卷三十二》：

「明祖（朱元璋）懲元季縱弛，特用重典馭下，稍有觸犯，刀鋸隨之，時京官每旦入朝，必與妻子訣……」

林延清《嘉靖皇帝大傳》：

「嘉靖皇帝（朱厚熜）又是個篤信霸道之術，對王道不甚感興趣的人……導致對強力和刑罰的看重，導致重典馭下。」

占著位置不幹事的通通要**受罰**。

田澍《嘉靖革新研究》：

「在世宗（朱厚熜）的支持下，張璁等大禮新貴經受住了『挾私報復』『不護善類』『剛愎』……之類的詆毀謾罵，先後對翰林官員、庶吉士、提學官、科道官、生員、武將等進行了較為嚴格的考核，將不稱職者予以清退。」

中央官員還得調到地方**歷練**，
提高工作效率。

《明世宗實錄・卷六十五》：
「（1526年）吏部尚書廖紀等覆奏霍韜內外官升遷資格之議……上（朱厚熜）曰：『朕以人君深居宮禁，不知外事，必賴左右大臣協力贊佐。若為大臣而不能實察民情，何益治道……自今內外官出入遷轉，所司隨時斟酌以聞。』」

《明史・三〇四》：
「張佐、鮑忠，麥福、黃錦輩，雖由興邸舊人掌司禮監，督東廠，然皆謹飭不敢大肆。」
胡凡《嘉靖傳》：
「嘉靖帝（朱厚熜）從安陸入京之時，已經帶了幾個心腹宦官進宮……這些興邸舊閹都受過嚴格的管教，宮中有事都要秉（稟）明嘉靖帝，請旨以後行動，誰也不敢放肆。」

就連服侍他的宦官也得**戰戰兢兢**，

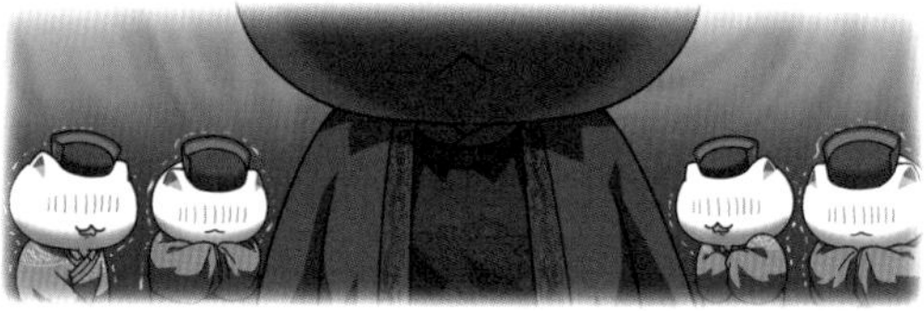

一旦不守規矩，照樣**往死裡整**。

《明史・三〇四》：
「世宗（朱厚熜）習見正德時宦侍之禍，即位後御近侍甚嚴，有罪撻之至死，或陳屍示戒。」

與此同時，
厚熜喵還**清查**了**貴族**們的**莊田**，

《明通鑑．卷五十三》：
「（1527年）甲午，大學士楊一清等言：『竊見近畿八府土田，多為各監局及戚畹豪勢之家乞討，或作草場，或作皇莊。民既失其常產』……上（朱厚熜）然其言，令戶部推侍郎及科、道官『有風裁者』各一員，賜敕往勘。不問皇親勢要……」

將強占的莊田**還給百姓**。

《明通鑑．卷五十三》：
「……凡係冒濫請乞及額外多占者，悉還之民。」
白壽彝《中國通史》：
「嘉靖八年（1529），世宗（朱厚熜）敕諭戶部清查莊田，對強占民田者，俱還原主。」

經過這一頓操作，
朝廷風貌**煥然一新**，

《明世宗實錄．卷五六六》：
「正德之末，政在權幸，盜賊蜂起，海內騷動。上（朱厚熜）方龍潛藩邸，深鑑其弊。及入踐大統，乃赫然發命，誅除巨奸，革去鎮守內臣，清汰冗濫，諸凡弊政，以次盡罷，海內欣欣，若更生焉。」

社會**矛盾**也得到了一定程度的**緩和**，

林延清《嘉靖皇帝大傳》：
「嘉靖皇帝（朱厚熜）即位後銳意進取，勵精圖治……使正德朝極為尖銳的社會矛盾得到緩解……」

這段時間甚至被稱為「**嘉靖中興**」。

丁振宇《中國皇帝全傳》：
「朱厚熜在位早期，英明苛察，嚴以馭官，寬以治民，整頓綱紀，減輕徭役，重振國政，開創了『嘉靖中興』的局面。」

然而這一切對於厚熜喵來說，
其目的都是為了牢牢**把握住權力**。

蔡美彪《中國通史》：
「新政實際施行的程度有所不同，但目標都是在抑制宦官外戚諸王貴族和民間豪富勢力，作用是積極的。新政的繼續推行，消除了前朝的某些積弊，也使世宗（朱厚熜）的皇權統治更為鞏固了。」

在他的統治下，
宦官**成**了他的**奴僕**，

《明史·三〇四》：
「內臣之勢，惟嘉靖朝少殺雲。」
胡丹《明代宦官制度研究》：
「世宗以外藩入繼，給明朝政治帶來許多新的氣象，裁撤各地鎮守、管事，以及京營提督、坐營內官等，所謂『朝野吐氣』，都使宦權呈現出低迷萎縮的狀態。」

外戚**失去**了**特權**，

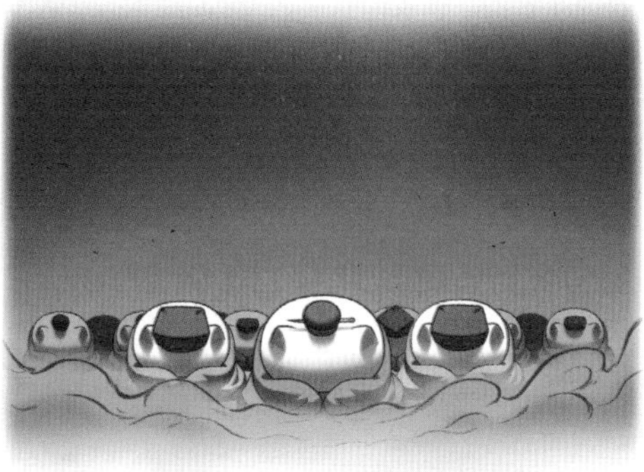

白壽彝《中國通史》：
「嘉靖八年（1529），吏部方獻夫奏稱：洪熙以來，始封外戚，其後一門數貴，傳襲不已。建議自現在始，已封爵的令終其身，不得再襲。今後皇親駙馬，亦不得夤緣請封。這項制度經世宗裁定後成為永制，即便是世宗之母蔣太后及陳皇后家亦不准承襲世爵。」

百官更是**不敢違抗**他。

胡凡《嘉靖傳》：
「嘉靖帝（朱厚熜）惟我獨尊、拒絕納諫，對言官進行殘酷打擊的結果，一則摧殘了人才，後進者以前人為戒，正直敢言者少了；二則影響了士風和官風，助長了阿諛逢迎的習氣。」

可即便如此，
作為藩王登基的他
始終擺脫不了那份**不安感**。

胡凡《嘉靖傳》：
「嘉靖帝（朱厚熜）作為以藩王入承大統的皇帝，即位之後就因議禮之爭和朝臣們形成了對立，這不能不對他的施政心理發生影響。每當朝臣們提出不同意見之時，他都感到是有意識諷或是惡意訕上……」
林延清《嘉靖皇帝大傳》：
「（朱厚熜）猜忌朝臣，總覺得有人在議論自己曾為王臣的出身……」

安全感的缺乏，
使他一方面時刻**警惕**著權力被稀釋，
一方面則開始**沉迷**於另一樣東西。

林延清《嘉靖皇帝大傳》：
「（朱厚熜）對權力一向看的（得）很重，大權獨攬，君權至上是奉行不變的信條。」

這就是**修道長生**。

婁曾泉、顏章炮《明朝史話》：
「世宗（朱厚熜）一生最感興趣的是崇拜仙道，祈求長生。」

厚熜喵自幼**體質**就比較**差**，

林延清《嘉靖皇帝大傳》：
「嘉靖皇帝（朱厚熜）自幼生長南方，體質較弱，對北方寒冷天氣不太適應。」

林延清《嘉靖皇帝大傳》：
「即位初期朝政很繁忙，身體也較勞累……幾次生病，朝不能上，經筵也暫時停止。」

繁忙的政務更是讓他**經常生病**，

這不免讓他開始恐懼，
如此虛弱的身體**怎能長坐皇帝**之位。

胡凡《嘉靖傳》：
「嘉靖帝（朱厚熜）出生於南方，入繼大統後，對北方寒冷乾燥的氣候本來就不太適應……嘉靖十三年（1534年）和十九年（1540年）的兩場大病使他感到了死亡的恐懼。為了能長享這天下至尊的榮華富貴，他越來越祈求於道教神靈的保佑……」

於是乎，修道長生成了他的**重要目標**。

《明史紀事本末・卷五十二》：

「世宗（朱厚熜）起自藩服，入纘大統，累葉升平，兵革衰息，毋亦富貴吾所已極，所不知者壽耳。以故因壽考而慕長生，緣長生而冀翀舉。惟備福於箕疇，乃希心於方外也。」

從此**道觀**、**宮殿**一座座拔地而起，

《明史・卷七十八》：

「世宗（朱厚熜）營建最繁，（嘉靖）十五年（1536年）以前，名為汰省，而經費已六七百萬。其後增十數倍，齋宮、祕殿並時而興。」

而厚熜喵則深居宮中，

每日修仙問道**不理朝政**。

白壽彝《中國通史》：

「自嘉靖二年（1523）始，世宗（朱厚熜）在太監崔文等人的誘導下，開始崇信道教方術，在宮中到處建醮……」

「嘉靖二十一年（1542），即壬寅年，宮中發生事變。十月，世宗宿曹端妃宮中，險些被宮女楊金英等合謀勒死……此後，世宗移居西苑永壽宮，『不復視朝，惟日夕事齋醮』……」

然而……即便沉迷修道，
他對**皇權**的**把控**也毫不鬆懈。

《明史紀事本末·卷五十二》：
「上（朱厚熜）雖修玄西內，而權綱總攬。夜分至五鼓，猶覽決章奏。」

為了防止宦官弄權，
他**提高**了**內閣**大臣的**地位**。

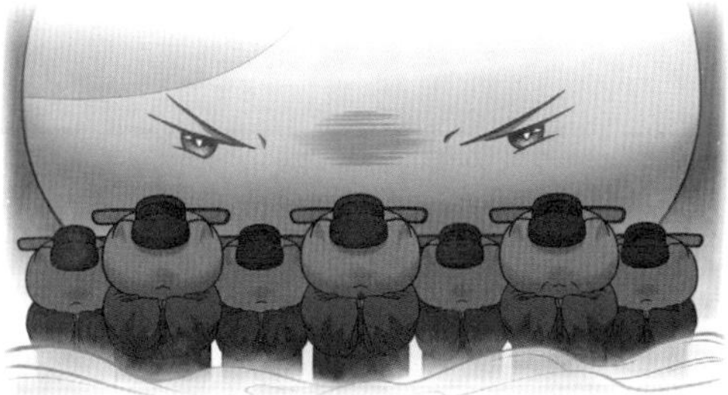

張豈之《中國歷史·元明清卷》：
「世宗（朱厚熜）即位之初，頗有銳意求治的決心……其中對明代中期政治最具影響的是，抑制了自正統以來急劇膨脹的宦官勢力。與宦官勢力互為消長的是內閣權力的上升。」

可只要哪個大臣有權力過大的趨勢，
他就**扶植**另一個對其進行**打壓**。

林延清《嘉靖皇帝大傳》：
「嘉靖十七年（1538）十二月，李時去世，夏言繼為首輔……專恣任情之態更加明顯。嘉靖皇帝（朱厚熜）對於自己一手提拔起來的夏言的寵信自不必說。但他對權力抓住不放，和不允許旁人有任何威脅君權的言行出現，卻是絲毫沒有改變的。辦法仍舊是老一套，扶植一個對立派，以與夏言抗衡。」

這不僅**導致**了大臣們互相**爭鬥**，

林延清《嘉靖皇帝大傳》：

「嘉靖皇帝（朱厚熜）還利用朝臣之間的爭鬥來控制首輔。由於首輔位高權重，朝臣間爭奪此職位的鬥爭異常激烈。他們呼朋引伴，攻擊異己，施展種種手段，以謀取首輔的地位……造成朝臣傾軋，政事日非的局面。」

也讓一些**奸臣**

通過諂媚逢迎獲得了**晉升**的機會。

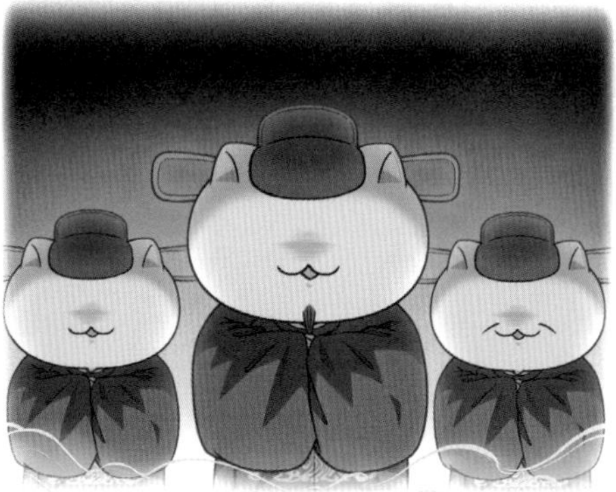

胡凡《嘉靖傳》：

「嘉靖皇帝（朱厚熜）自視甚高，頗護己短，而且特別善於用皇權來打擊和制裁臣下，有了這些認識，嚴嵩便開始投嘉靖帝之所好，以柔媚結主知，發展起他性格中諂媚逢迎的一面，一步步地爬上了內閣首輔的寶座。」

他們在厚熜喵的縱容下

貪污受賄、**魚肉**百姓，

白壽彝《中國通史》：

「嘉靖朝任首輔時間最長的是嚴嵩……嚴嵩柄政時間久了，植黨營私，排斥異己，對彈劾自己的官員必欲置之死地，製造了不少冤獄；而其貪污納賄、賣官鬻爵、廣市良田等危害朝政的惡行，更令天下人『罔不怨恨』。」

大批的忠臣良將因此**慘遭迫害**。

白壽彝《中國通史》：
「(1555)張經派參將盧鏜從水陸兩路進攻，大敗倭寇於石塘灣。倭寇行至王江涇，張經又令永順、保靖土兵夾擊，斬首二千級……」
《明史．卷三〇八》：
「帝（朱厚熜）英察自信，果刑戮，頗護己短，嵩以故得因事激帝怒，戕害人以成其私。張經、李天寵、王忬之死，嵩皆有力焉。」

在這樣的情況下，

大明**國力**日漸**衰弱**。

王天有《明朝十六帝》：
「嘉靖時代，明王朝沒有對日益嚴重的土地兼併、官吏腐敗、兵事廢弛等重大問題進行認真解決，致使國衰民窮。」

北方邊境和東南沿海**侵擾頻發**，

《明史紀事本末．卷五十五》：
「世宗（朱厚熜）嘉靖二年（1523年）五月，日本諸道爭貢，大掠寧波沿海諸郡邑。」
蔡美彪《中國通史》：
「明世宗時，達延汗之孫，統領右翼的俺答汗以河套地區為據點，日益強盛。一五五〇年自大同侵入明朝境內，直抵北京郊外……」

全國各地更是屢屢**爆發起義**。

南炳文、湯綱《明史》：

「人民的武裝反抗鬥爭早在嘉靖初期即已發生，嘉靖中期以後更為頻繁，總計不下於四五十次，涉及的地區很廣，幾乎所有的省分都有發生。」

官員貪污、軍費膨脹，
再加上厚熜喵修道產生的費用，
給國家**財政**帶來了沉重**負擔**。

蔡美彪《中國通史》：

「明王朝連年在北邊與蒙古作戰，又在東南沿海抵抗倭寇的侵擾，軍費支出，日益浩大。世宗（朱厚熜）奉道修玄，屢建宮殿，造成龐大的靡費。閣部諸臣，以嚴嵩為首，貪賄公行，侵吞國帑。官員上下效尤，吏治腐敗。明王朝陷入了嚴重的財政危機。」

作為一個封建帝王，
厚熜喵可以說是運用權術的高手，
他也並**不缺**乏**治國**的**才能**。

林延清《嘉靖皇帝大傳》：

「嘉靖皇帝（朱厚熜）利用朝臣激烈的爭鬥，居中操縱，使之彼此抗衡，分而治之。他的這種權術在一段時間內，抑制了首輔權力的膨脹，維護了君權獨尊的地位……」

《明世宗實錄．卷五六六》：

「上（朱厚熜）神功盛德，不可縷指，綜其始終，大要以嚴馭吏，以寬治民，以經術為師……中興大業視之列祖有光焉。」

但內心深處的自卑感和本性的自私，
使他只**執著**於對**權力**的掌控。

林延清《嘉靖皇帝大傳》：
「作為一個以藩王入繼的君主，世宗（朱厚熜）心靈深處是有一股自卑感的。」
「言工舉動一不合他（朱厚熜）意，動則予以廷杖、罰俸、罷官、下獄等方式的懲治，同時他又極喜聽阿諛奉承之言，凡善於拍馬屁的小人，往往得以升官進級……他好居中操縱，控制大權。」

沉迷修仙問道
更是讓短暫的中興
再次**陷入黑暗**。

《明史・卷十八》：
「世宗（朱厚熜）御極之初，力除一切弊政……而崇尚道教，享祀弗經，營建繁興，府藏告匱，百餘年富庶治平之業，因以漸替。」
林延清《嘉靖皇帝大傳》：
「（朱厚熜）對道教的崇拜日趨狂熱，出現了不上朝視政，專一奉道事玄的嚴重局面……政治較為清明的局面消失了，代之而起的是更為腐敗的政治。」

那麼明朝的未來將會**如何發展**呢？

（且聽下回分解。）

編者按

朱厚熜執掌大明皇朝長達45年，他原本有機會振興明朝，卻還是走向了墮落，使中興曇花一現，而吏治腐敗、軍事疲弱等問題都比以往更加嚴重。歷史上不乏對他的批評，甚至稱他為「一代昏君」。但是我們也應該看到，他留給後代的不只是個「爛攤子」，也有一些有利影響。朱元璋建立明朝後，為國家立下了種種不可變更的制度，因此明朝在很長一段時間內都十分保守，一切改革和標新立異都會被認為是違反「祖制」。而朱厚熜一即位就通過大禮議衝擊了傳統的禮法制度，而後實施的一系列新政，也是對傳統制度的挑戰。朱厚熜的行為有意無意地撼動了「祖制不可動」的落後觀念，在一定程度上為後來明朝的全面改革清除了思想障礙。

朱厚熜——水餃（飾）

參考來源：《明史》、《明通鑑》、《明世宗實錄》、《明史紀事本末》、《廿二史劄記》、胡凡《嘉靖傳》、白壽彝《中國通史》、蔡美彪《中國通史》、南炳文和湯綱《明史》、田澍《嘉靖革新研究》、林延清《嘉靖皇帝大傳》、王天有《明朝十六帝》、丁振宇《中國皇帝全傳》、胡丹《明代宦官制度研究》、婁曾泉和顏章炮《明朝史話》、張豈之《中國歷史・元明清卷》

附錄

【火神附體】

朱厚熜在位期間，
皇宮曾多次發生火災，
三個主殿被燒了個精光。
甚至他出門巡遊，
一路都燒了幾座宮殿。

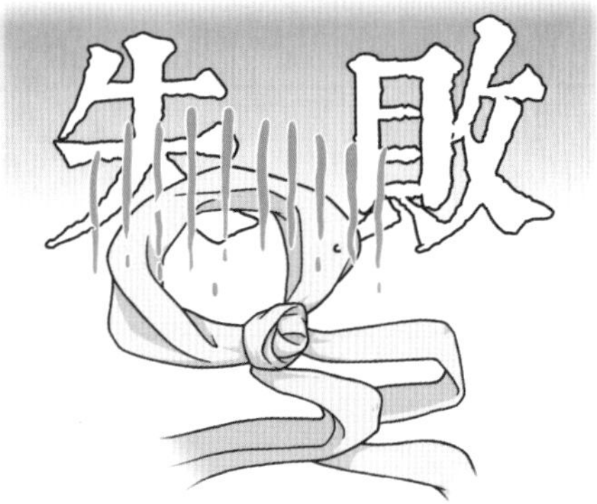

【失敗原因】

朱厚熜曾遭到十幾個宮女的刺殺。
宮女們想趁他睡著時，
用繩子勒死他，
但卻不小心打了個死結，
這才失敗了。

【提拔有捷徑】

「青詞」是道教寫給天神的祭文。
由於朱厚熜很迷信，
只要青詞寫得好的，
就很容易被他重用。

一群喵檔案

水餃小劇場

《幫忙 1》

《幫忙 2》

鹿王本生圖
水餃
白羊座
生日：4 月 1 日
身高：177 公分
收過最喜歡的禮物：
一面錦旗
（水餃擬人介紹）

水餃的機器喵

Shuijiao's Robot

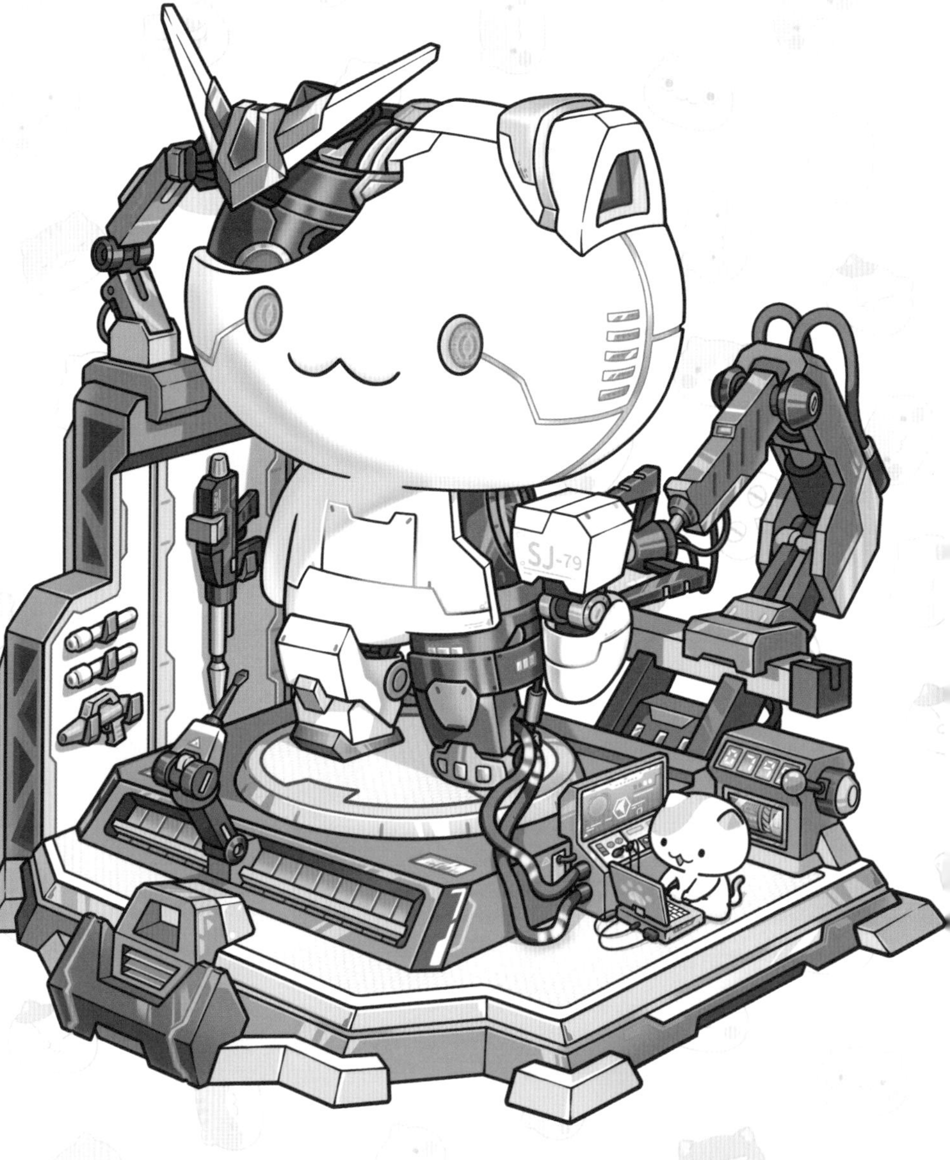

下回再見！

第一卷
《如果歷史是一群喵 1：
夏商西周篇》

第二卷
《如果歷史是一群喵 2：
春秋戰國篇》

第三卷
《如果歷史是一群喵 3：
秦楚兩漢篇》

第四卷
《如果歷史是一群喵 4：
東漢末年篇》

第五卷
《如果歷史是一群喵 5：
亂世三國篇》

第六卷
《如果歷史是一群喵 6：
魏晉南北篇》

第七卷
《如果歷史是一群喵 7：
隋唐風雲篇》

第八卷
《如果歷史是一群喵 8：
盛世大唐篇》

第九卷
《如果歷史是一群喵 9：
五代十國篇》

第十卷
《如果歷史是一群喵 10：
宋遼金夏篇》

第十一卷
《如果歷史是一群喵 11：
南宋金元篇》

第十二卷
《如果歷史是一群喵12：
元末明初篇》

第十三卷
《如果歷史是一群喵13：
大明皇朝篇》